AF472631

GHFL

Copyright © 2007 by
Gerhard H. F. Lange, Hamburg
Alle Rechte vorbehalten
Verlag und Druck: www.lulu.com
ISBN 978-1-84799-735-7

Gerhard H. F. Lange

75 JAHRE IM 20. JAHRHUNDERT

ZWISCHENKRIEGSZEIT, KRIEG UND NACHKRIEGSJAHRE IN EUROPA UND IN AUSTRALIEN

Gerhard H. F. Lange in 2005

VORWORT

Nachdem ich jetzt mehr als 80 Jahre alt bin, gibt es sicherlich so manches, das zumindest für einige jüngere Menschen von Interesse sein könnte. Ich weiß zwar, dass ein Zuhörer - oder in diesem Fall ein Leser - das Gehörte oder Gelesene nur den Worten nach verstehen kann; die Umsetzung in Bilder, die seiner Fantasie überlassen bleibt, kann sich nur nach den eigenen, auf Erfahrung beruhenden Vorstellungsmöglichkeiten vollziehen.

Dies ist auch der Grund, warum die Jüngeren oft unwillkürlich versuchen, das Gehörte in die gewohnten Gegebenheiten der heutigen Zeit zu übertragen. So kann es dann kommen, dass die Geschehnisse und Bilder, an die sich der Erzähler erinnert, sehr viel anders sein können als die, die in der Vorstellung des Zuhörers entstehen. Das ist nichts Schlimmes, sondern in den meisten Fällen etwas Unvermeidliches.

Trotzdem will ich versuchen, Sie in Gedanken mitzunehmen in eine Welt, die es nicht mehr gibt. Und das, obgleich das Ganze noch gar nicht so lange her ist.

Ich schildere Ihnen eine Kindheit zwischen den beiden Weltkriegen, eine Jugend im Krieg und konfrontiert mit den Folgen des Krieges, die Hoffnung auf einen Neuanfang am anderen Ende der Welt (Aussteigen würde man heute dazu sagen), die vorübergehende Abkehr vom gewohnten Leben, sowie den Aufbau eines völlig neuen Arbeitslebens, das von Australien nach Südafrika und schließlich auch wieder nach Deutschland führt.

Sie erleben die Suche nach einem Leben, das es irgendwann, irgendwo gab, von dem man aber feststellen muss, dass es das nirgends noch einmal gibt. Gewiss, man kommt wieder zu den gleichen Plätzen, man trifft sogar zum Teil noch dieselben Menschen, aber doch ist alles jetzt anders, nicht zuletzt man selbst.

Es dauert eigentlich lange, bis man endgültig weiß, dass man die Vergangenheit nicht wiederfinden kann. Die Vergangenheit existiert nur noch in der eigenen Erinnerung.

In der Kriegsgefangenschaft prägte ich einmal den Ausdruck "gelebt werden". Damit meinte ich, dass wir damals (und natürlich auch vorher schon) keinen Einfluss auf den Ablauf unseres Lebens hatten. Als ich dann wieder frei war, nahm ich mir vor, wenn irgend möglich nie wieder "gelebt" zu werden, sondern mein Leben selbst zu steuern und mich möglichst frei zu entscheiden. Ich glaube jetzt im Rückblick, dass ich das Glück hatte - und die damalige Zeit es mir auch gestattete, meinen Vorsatz weitgehend auszuführen. Aber urteilen Sie doch bitte selbst.

Verständlicherweise wäre all das gar nicht möglich gewesen ohne die passende Frau an meiner Seite, mit der zusammen ich Pläne schmieden konnte, um dann gemeinsam mit ihr zu versuchen, diese Pläne auch zu verwirklichen. Ohne sie wären meine Erinnerungen für mich auch nur wenig wert, denn erst durch das gemeinsame Erleben hat man später auch gemeinsame Erinnerungen. Ich bin ihr dankbar, dass sie immer an meiner Seite war und dass wir beide uns immer so gut verstanden haben.

INHALTSVERZEICHNIS

EINLEITUNG 1

DIE ZEIT UM 1925 3

MEINE FAMILIE 5

EIN KLEINER JUNGE IN FLENSBURG 9

DIE FRÜHEN DREISSIGER 13

1933 BIS 1942 17

KRIEGSDIENST 27

IN ENGLISCHER GEFANGENSCHAFT 33

IN DEN COTSWOLDS 39

IN DEN MIDLANDS 43

DIE NACHKRIEGSJAHRE 45

AUSWANDERER 49

DER REGENSTEIN 61

AUSTRALISCHE STAATSBÜRGER 77

NACH EUROPA 83

UM DAS KAP DER GUTEN HOFFNUNG 89

NASHÖRNER 93

ERLEBNISSE IM KRÜGER NATIONAL PARK 97

WIEDER IN ADELAIDE 105

DURCH ASIEN **109**

IN STUTTGART **117**

UND WIEDER: AUSTRALIEN.. **123**

RUND UM AUSTRALIEN... **125**

AUSTRALIEN UND DAS LEBEN DORT.................................... **137**

ERINNERUNGEN AN VERGANGENE WEIHNACHTEN .. **145**

EINLEITUNG

Nicht die schwierige Phase bis 1950, aber die darauffolgende Zeit ließ mir ungewöhnlich viel persönliche Freiheit und bot mir Chancen, die - auch bei entsprechender Risikobereitschaft - in anderen Jahren kaum denkbar gewesen wären. So konnte ich Eindrücke und Erfahrungen sammeln, die weit entfernt vom gewohnten Leben lagen. Ich habe in entlegenen Gebieten gelebt und gearbeitet und hatte dort viele Begegnungen mit Europäern und Nichteuropäern, mit Weißen und Farbigen. In den weiten ausgedörrten Ebenen Nordaustraliens, in einem entlegenen Bergwerk unter Tage, aber auch in Management-Etagen, in Logen und natürlich im rein privaten Bereich lernte ich viele interessante Menschen und ihre unterschiedlichen Lebensbedingungen kennen. Aus den engen Amtsstuben eines Hamburger Finanzamtes kommend, war mein Lernbedarf allerdings auch besonders groß.

Ich stamme aus dem deutsch/dänischen Grenzland und wurde 1925 in Flensburg geboren. Damit gehöre ich zu den Jahrgängen, die ihre Kindheit zuerst in der Weimarer Republik und dann im sogenannten „Dritten Reich“, ihre Jugend aber im Krieg und in der Kriegsgefangenschaft verbrachten.

Im Krieg wurde unsere Familie ausgelöscht. So war ich denn nach meiner Rückkehr aus der Gefangenschaft allein auf mich gestellt. Ich habe es Freunden zu verdanken, dass ich bei meiner Heimkehr nach Hamburg dort wieder Fuß fassen konnte.

Veranlasst durch einen wenig versprechenden Beginn meines Berufslebens entschloss ich mich 1953, nach Australien auszuwandern. Die folgenden 16 Jahre verbrachte ich dort und in Südafrika. Erst 1969 kehrte ich, jetzt als Australier, wieder nach Deutschland zurück.

Natürlich ist man als Wanderer zwischen den Welten in gewisser Beziehung in sich zerrissen. Man hat Freunde in einigen

Teilen der Welt, von denen man sich irgendwann für immer trennt, und man hat manchmal Heimweh nach einer Zeit, die man irgendwo einmal erlebt hat, die es aber, wenn man sich auf die Suche macht, gar nicht mehr gibt.

So hatte sich auch 1969 das Nachkriegsdeutschland, das wir einmal verlassen hatten, sehr verändert. Zugegeben, es war im Allgemeinen besser geworden. Aber von draußen kommend, dauerte es lange, bis wir wieder etwas Nestwärme verspürten. Ähnlich ging es uns später 1986 in Australien. Unser altes Australien der fünfziger oder noch der sechziger Jahre gab es längst nicht mehr. Jüngere Jahrgänge hatten dafür gesorgt.

Entsprechende Wahrnehmungen werden natürlich vervielfacht durch Veränderungen, die man selbst in der Zwischenzeit erfahren hat. Nichts bleibt, wie es einmal war. Das war ja wohl immer schon so; nur sind die Veränderungen heutzutage durch ihr enormes Tempo gravierender als noch vor fünfzig oder vor hundert Jahren.

Nachfolgend versuche ich, anhand von Beschreibungen einiger Abschnitte meines Lebens Einblicke in das Auf und Ab, aber auch in die Zwänge und Freiheiten zu geben, so wie ich sie erlebte und so, wie ich sie verstanden habe....

DIE ZEIT UM 1925

Die zwanziger Jahre waren insgesamt eine Umbruchszeit, in der als Auswirkung des Ersten Weltkrieges nicht nur Deutschland, das diesen Krieg verloren hatte, verändert wurde. Die großen Kriege vorangegangener Jahrhunderte waren in der Hauptsache auf einen Kontinent beschränkt gewesen, diesmal aber hatten sich die Kampfhandlungen von Europa auf den Vorderen Orient sowie auf überseeische Besitzungen und auf sämtliche Weltmeere ausgedehnt. Der Hauptunterschied zu früher lag aber wohl in der fortgeschrittenen Industrialisierung, die es ermöglichte, die Kräfte eines großen Teils der Bevölkerung für Kriegszwecke zu konzentrieren.

Der Erste Weltkrieg war in den zwanziger Jahren noch allgegenwärtig. Die durch den Krieg zerrüttete Wirtschaft mit ihrer wachsenden Arbeitslosigkeit zog eine Polarisierung auf sozialem Gebiet nach sich, die durch die Inflation auch auf politischem Gebiet noch verstärkt wurde. Dies wiederum hatte zur Folge, dass eine große Anzahl politischer Parteien um das Vertrauen der Bürger warb und schwache Regierungen vergeblich versuchten, den Staat wieder auf einen stabilen Kurs zu bringen. Eine starke extreme Linke in der Mitte der zwanziger Jahre hatte einen entsprechenden Anstieg der Rechtsradikalen zur Folge. Beide Gruppierungen waren Gegner eines pluralistischen Parteienstaates. In den Reichstagswahlen von 1930 stieg die Mandatszahl der Rechtsradikalen von 12 auf 107 (von insgesamt 577 Sitzen). Im Juli 1932 waren es bereits 230 Mandate von insgesamt 608. Am 30.Januar1933 wurde Adolf Hitler dann durch von Papens Vermittlung und mit Unterstützung der Deutschnationalen vom Reichspräsidenten von Hindenburg mit der Bildung der Regierung beauftragt.

Was damals für viele Deutsche wie ein gangbarer Weg aus wechselnden politischen Krisen erschien, sollte sich als der schlimmste Fehler der neueren deutschen Geschichte erweisen. In der Tat so folgenschwer, dass nicht nur Deutschland, sondern ein großer Teil der Welt die furchtbaren Folgen des von Hitler vorbereiteten und planmäßig entfachten Krieges zu spüren bekam.

Ich, der ich im Juni 1925 in Flensburg zur Welt kam, merkte von all dem zunächst noch gar nichts. Mutter Kruse, die Hebamme, versorgte mich vortrefflich. Meine Geburt fand bei uns zu Hause - im 2.Stock des Gebäudes der Reederei H. Schuldt in der Schiffbrücke - statt. Schiffbrücke heißt die Straße, die entlang der Westseite des zum Hafen ausgebauten innersten Teils der Flensburger Förde verläuft.

Mein Vater war Prokurist bei der Flensburger Reederei H. Schuldt und hatte unsere kleine Zweizimmerwohnung kurz vor meinem Erscheinen als vorläufige Bleibe erhalten, bis die im 1. Stock direkt über dem Kontor gelegene große ehemalige Reederwohnung frei wurde.

MEINE FAMILIE

Die Familie Lange oder Lang, wie sie in älteren Kirchenbüchern bezeichnet wurde, kommt aus der Nordhälfte des einstigen Herzogtums Schleswig. Dieses Herzogtum Schleswig wurde als Lehen der dänischen Krone vom Herzog - meist ein Angehöriger des dänischen Königshauses - regiert. Bereits 1460 waren Schleswig und Holstein - Letzteres war als Grafschaft ein deutsches Lehen des dänischen Königs - von Christian I vertraglich als „up ewig ungedeelt“ (auf ewig ungeteilt) anerkannt worden.

Mein schon erwähnter Urgroßvater Paul J. Lange ging als junger Mann nach Flensburg und heiratete dort 1852 ein Flensburger Mädchen. Vom Lande kommend, wollte er sein Glück in einem der vielen Handelshäuser in Flensburg, das schon 1284 das Stadtrecht erhalten hatte und um die Mitte des letzten Jahrhunderts etwa 20.000 Einwohner zählte, suchen. Ganz offensichtlich war er erfolgreich, denn er gewann in Flensburg Ansehen und ließ zwei seiner vier Söhne studieren. Der jüngste dieser Söhne war mein Großvater, der 1861 in Flensburg das Licht der Welt erblickte. Er folgte dem vom Vater eingeschlagenen Weg und trat als Handlungsgehilfe, damals sagte man dazu noch Kommis, in eine Handelsfirma ein.

Inzwischen hatten sich die politischen Verhältnisse im Herzogtum Schleswig grundlegend verändert. Auf dem Wiener Kongress, auf dem die politische Landkarte Europas nach den napoleonischen Kriegs- und Besatzungsjahren neu geordnet wurde, waren die Gebiete Holsteins und Lauenburgs dem Deutschen Bund zugesprochen worden, nicht jedoch das Herzogtum Schleswig. Das hatte zur Folge, dass der dänische König in seiner Eigenschaft als gleichzeitiger Herzog von Holstein und Lauenburg (ebenso wie der englische König, als König von Hannover) Mitglied des Deutschen Bundes wurde. Die jetzt beginnenden Bestrebungen der Dänen, das außerhalb Deutschlands verbliebene Schleswig dem dänischen Gesamtstaat einzugliedern, verursachten starke Erregung in Schleswig-Holstein und darüber hinaus auch in ganz Deutschland und hatten die Erhebung von 1848 und letztendlich die Kriege von 1848 und 1864 zur Folge.

1867 schließlich wird Schleswig-Holstein dem Königreich Preußen als Provinz einverleibt. Jetzt waren die beiden Herzogtümer zwar zusammen, aber die Selbstständigkeit war auch dahin.

Es ist schwer zu sagen, wie viele Bürger Schleswigs sich trotz aller Selbstständigkeitsbestrebungen den Dänen zugehörig fühlten und auch dänisch sprachen. Zum Ende des 19. Jahrhunderts wurde die dänische Sprache wohl in vielen, wenn nicht den meisten Teilen Nordschleswigs und in ganz wenigen Teilen Südschleswigs gesprochen. Die Sprachgrenze lag damals etwas nördlich von Flensburg; in der Stadt selbst war auch der nördliche Teil eher dänisch und der südliche Teil eher deutsch. Natürlich lebten die meisten Bürger Schleswigs, wie auch in anderen Grenzlanden, zweisprachig. Und die Langes?

Man kann wohl annehmen, dass sich die alten Langs aus Nordschleswig mehr den Dänen zugehörig fühlten und zu Hause auch dänisch sprachen. Die von mir eingesehenen Kirchenbücher aus dieser Zeit waren alle dänisch. Als mein Urgroßvater jedoch nach Flensburg kam, sprach er wohl deutsch, denn meine Urgroßmutter kam aus einer deutschen Familie namens Lauer. Wie dem auch sei, zog es doch zwei seiner Söhne, die beiden Ältesten, nach Dänemark. Beide ließen sich in Kopenhagen nieder. Einer von ihnen brachte es als Syndikus zu einem gewissen Wohlstand, von dem, nach seinem frühen Tod etwa um die Jahrhundertwende, die Familien seiner Brüder profitierten; der andere wurde Handlungsgehilfe in Kopenhagen und gründete den dänischen Zweig unserer Familie. Der dritte Sohn meines Urgroßvaters starb bereits in sehr jungen Jahren in Flensburg als cand. med.

So war mein Großvater der einzige in Flensburg verbliebene Sohn. Er heiratete 1897 ebenfalls ein deutsches Mädchen, das mit seinen Eltern von Wandsbek in Holstein nach Flensburg gekommen war. Mein Vater war der Älteste von zwei Söhnen aus dieser Verbindung.

Nach dem Krieg 1870/71 fühlte man in dem anschließend aus der Taufe gehobenen deutschen Kaiserreich, vielleicht sogar besonders in den Grenzgebieten, deutsch und war auch stolz auf sein Deutschtum. Das heißt nicht, dass man in Flensburg seine vielen dänischen Nachbarn deshalb mit anderen Augen ansah. Man gehörte ja seit eh und je zueinander. Es macht aber verständlich, dass der Beginn des Ersten Weltkrieges in Flensburg, nicht anders als in den übrigen Teilen des Zweiten Reichs, mit patriotischen Gefühlen zur Kenntnis genommen wurde.

Mein Vater meldete sich, sobald er alt genug war, als Einjährig-Freiwilliger und wurde auch 1916 zu einem Regiment der bespannten Artillerie eingezogen. Das Kriegsende erlebte er schwer verwundet in einem Lazarett. Als er dann 1919 wieder nach Hause kam, war die Welt verändert. Er war jetzt 21 Jahre alt; die Ärzte hatten ihn soweit wieder hergestellt, dass er mit einem Stock gehen konnte. Später bekam er dann orthopädische Stiefel mit Schiene.

In einer Volksabstimmung 1920 stimmten 75% der Nordschleswiger (das war die 1.Abstimmzone) für Dänemark. Einen Monat später entschied sich jedoch die weit überwiegende Mehrheit in Flensburg und einem schmalen Streifen bis zur Nordsee (die 2.Abstimmzone) für den Verbleib in Deutschland. So wurde nur Nordschleswig „abgetreten", wie es damals hieß.

Die Abstimmung brachte dann doch etwas Unruhe zwischen die bis dahin verhältnismäßig friedlich miteinander lebenden Deutschen und Dänen. Das hatte zur Folge, dass ein Teil der Dänen nach Dänemark ging und ein anderer, der sich für das Verbleiben in der angestammten Heimat entschied, sein Dänentum nicht mehr öffentlich zur Schau trug. Wenngleich ein sehr großer Teil der deutschen Bürger in Flensburg neben Deutsch auch noch Dänisch - wie die Dänen verächtlich meinten: „Kartoffeldänisch" - sprach, wurde Letzteres kaum noch öffentlich praktiziert.

Zufällig hörte mein Vater von einer Stelle bei der Flensburger Reederei Schuldt und wurde beim Einstellungsgespräch auch zum Senior-Chef vorgelassen. Dieser stellte dann nach eingehender Befragung fest, dass er der Enkel seines alten Jugendfreundes Paul Jensen Lange war.

EIN KLEINER JUNGE IN FLENSBURG

Meine ersten Erinnerungen an die Zeit in der kleinen Zweizimmerwohnung in der Schiffbrücke sind verständlicherweise vage und beziehen sich auf zwei oder drei Situationen, Bilder meiner Mutter, die um mich herum tätig ist, während ich auf einem Kissenberg sitze und zuschaue. Oder wenn ich für meine Mutter im nahegelegenen Stadtpark Blumen pflücke, während sie daneben auf einer Bank sitzt.

Ich war zwei Jahre alt, als wir die große Wohnung im 1. Stock beziehen konnten. Im August des darauffolgenden Jahres kam Mutter Kruse wieder zu uns, um meiner Mutter bei der Geburt meines Bruders Harro zu helfen.

In der Zwischenzeit hatte ich mich, wohl sehr zum Leidwesen meines Vaters, nicht zu einem robusten kleinen Jungen entwickelt, zumal meine Kindheit sehr behütet verlief. Ich war das erste Kind und auch das erste Enkelkind beider Großeltern, in das natürlich die verschiedensten Erwartungen gesetzt wurden.

Unsere schöne Wohnung in der Schiffbrücke hatte aus der Sicht meines Vaters einen großen Nachteil: die Einflüsse unserer direkten Umgebung. Die Lage des Hauses in der Schiffbrücke, zwischen der Neuen Straße und dem Oluf-Samsons-Gang, brachte die Nachbarschaft von all den Gewerben mit sich, die Hafengegenden in der ganzen Welt auszeichnen. Sicherlich war der Flensburger Hafen kein Welthafen, aber damals liefen noch sehr viele in- und ausländische Schiffe Flensburg an.

Es war ein reges Treiben, das sich da direkt vor unseren Fenstern abspielte. Waren der verschiedensten Art wurden, vom Ausland - von den skandinavischen Ländern oder über Hamburg von Übersee - kommend, gelöscht und mit Pferdefuhrwerken zur Zwischenlagerung in die vielen Speicher in den Höfen zwischen Schiffbrücke und Norderstraße und zwischen Norderhofenden und Große Straße gebracht. Was waren das für interessante

Bilder für den kleinen Jungen, der aus dem Fenster die vielen unterschiedlichen Eindrücke in sich aufnehmen konnte. Natürlich waren mir die einzelnen Flensburger Schiffe genau bekannt; ich konnte sie schon von Weitem an Aufbauten und Schornstein erkennen. Dadurch wurde bereits in früher Jugend meine Fantasie angeregt, einige Namen fremder Häfen prägten sich mir schon damals ein.

Leider gab es in unserer Umgebung keine „passenden" Spielgefährten für mich. Lediglich die beiden bedeutend älteren Jungen des Hausmeisters, deren Wohnung zum Hof zu lag, durften mit mir spielen, als ich alt genug war, alleine in den Hof zu gehen. Mein Vater machte sogar den älteren der beiden dafür verantwortlich, dass keine fremden Kinder in unseren Hof kamen. So wuchs ich denn viel alleine spielend auf. Mein drei Jahre jüngerer Bruder konnte mir, als ich vier oder fünf war, auch noch kein Spielgefährte sein. Die Folge war, dass ich meine Fantasiespiele und, wie mir später erzählt wurde, auch meinen Fantasiefreund hatte.

Es gab allerdings etwas, was ich in meinem schüchternen Tatendrang erkundet hatte. Hinter unserem Hof lag der Hinterhof des entsprechenden Grundstücks in der Norderstraße. Dort stand das vierstöckige Lagerhaus eines Fuhrunternehmers, mit Wagenschuppen und Stall. Das war vielleicht nicht so interessant wie das bunte Treiben an der Schiffbrücke, wenn ich jedoch zum richtigen Zeitpunkt da war, konnte ich sehen, wie beladene Fuhrwerke durch die schmale Durchfahrt von der Norderstraße her in den Hof einfuhren. Kisten und Säcke wurden dann in die verschiedenen Böden des Speichers hinaufgehievt, wobei es anscheinend nur notwendig war, an einem von unten bis ganz nach oben führenden Seil zu ziehen - und schon bewegten sich die schweren Lasten rauf oder runter. Wie gerne hätte ich das auch mal versucht.

Der Fuhrmann hatte einen zweispännigen Wagen, mit dem er selbst fuhr, und einen einspännigen zweiten, den ein für ihn arbeitender Kutscher lenkte. Dieser Fuhrmann war ein resoluter, nicht sehr freundlicher Mann, vor dem ich immer etwas Angst hatte. Einmal hatte er mich schon von seinem Hof verjagt. Der Kutscher aber war schon ziemlich alt, jedenfalls aus meiner damaligen Sicht, und immer nett. Mit ihm durfte ich auch ab und zu neben ihm auf dem Kutscherbock mitfahren. Das heißt, an sich durfte ich das nicht, mein Vater hatte so etwas ausdrücklich verboten. Aber ich versuchte es so einzurichten, dass mein Vater nichts davon erfuhr.

Das waren aufregende Erlebnisse für mich. An steilen Abfahrten, zum Beispiel am unteren Ende der Duburger Straße zum Norder Tor zu, konnte das Pferd Schwierigkeiten haben, den beladenen Wagen trotz angezogener Bremse zu halten. Aus diesem Grund benutzte man dann einen sogenannten Hemmschuh. Das ist eine flache Stahlplatte mit hochstehenden Kanten, die, an einer Kette befestigt und unter einem der großen Hinterräder liegend, das Rad blockierte. Dadurch wurde die Abfahrt so verlangsamt, dass das Pferd den auf drei Rädern rollenden und auf dem blockierten vierten Rad rutschenden Wagen sogar jetzt leicht ziehen musste. Damals waren alle Straßen der Stadt ja noch mit Steinen gepflastert.

Trotz solch aufregender Erlebnisse blieb ich ein schüchternes und wohl auch ängstliches Kind. Als ich alt genug war, um alleine zu meiner Großmutter zu gehen, die am ca. 2 km entfernten Turnerberg wohnte, machte ich einen weiten Umweg, weil ich nicht alleine an der Norderfischerstraße vorbeigehen wollte. Dort wohnten nämlich Zigeuner, vor denen ich eine panische Angst hatte. Wenngleich meine Mutter das bestritt, wusste ich ja doch, dass die Zigeuner kleine Kinder mitnahmen. Dabei sah man dort, abgesehen von einigen Erwachsenen, meist nur eine große Horde von fröhlich spielenden kleinen Zigeunerkindern. Aber den wenigen Erwachsenen konnte man eben nicht trauen. Wie konnte ich wissen, dass sie mehr als genug an ihrem eigenen Nachwuchs hatten. Vielleicht waren es Geschichten unseres Hausmädchens, die ich, wie damals wohl alles, zu ernst nahm.

Ostern 1931 wurde ich dann für die Einschulung angemeldet. Ich war 5 Jahre und 9 Monate alt, als ich, begleitet von meiner Mutter, in die Schule in der Schloßstraße ging.

Damit begann für mich eine Leidenszeit. Ich kann mich noch an die erste große Pause erinnern, wo ich umringt von Kindern, die alle größer waren - sicherlich ein Zufall, denn die Gleichaltrigen waren damals auch nicht größer als ich - meine Pausenmilch in Empfang nahm. Heiße Milch, die es zu Hause nie gab, in emaillierten, abgestoßenen Bechern. Ich war einer der Jüngsten in der Klasse, umgeben von Kindern die bereits genügend Gelegenheit hatten, sich an das Leben mit Altersgenossen der verschiedensten Art zu gewöhnen. So schien es jedenfalls.

Wenngleich meine Fantasie gut entwickelt war, so war mir doch, wie den meisten Erstklässlern, jede systematische Tätigkeit noch fremd. Entsprechende Schwierigkeiten hatte ich denn auch bei meinen ersten Hausaufgaben. Eine Schiefertafel voll großen Blockschrift „A“s, das sind etwa fünf Zeilen mit je acht oder zehn „A“s, dauerte Stunden und konnte nur mit gutem Zureden und unter Tränen zu Ende gebracht werden. Es war ein Fiasko.

Nun war ich wohlbehütet und unter Vermeidung schädlicher Einflüsse fast sechs Jahre alt geworden, nur um in der Schule ein Versager zu werden. Wo doch mein Vater angeblich sogar einmal auf Anraten der Lehrer eine Schulklasse übersprungen hatte. Wenn ich mit sämtlichen, auch nicht so „passenden“ Kindern aus den umliegenden Straßen gespielt und gerauft hätte und vielleicht auch noch ein Jahr später eingeschult worden wäre, dann hätte meine Jugend vielleicht auch anders verlaufen können. Meine Schwierigkeiten sollten sich durch mein ganzes Schulleben fortsetzen. So machen es eben besonders wohlmeinende Eltern auch nicht immer richtig...

DIE FRÜHEN DREISSIGER

Die Zeit hatte wirtschaftliche Krisen, Arbeitslosigkeit, Armut bei einem großen Teil der Bevölkerung und politisches Chaos gebracht. Das Volk, größtenteils noch aufgewachsen im Kaiserreich und gewöhnt „an Zucht und Ordnung", glaubte nur zu gerne, dass das deutsche Heer „im Felde unbesiegt geblieben" und von linken Revolutionären verraten worden war. Diese „Dolchstoß-Legende" wurde schnell und gutgläubig aufgegriffen.

Die Bürger warteten darauf, dass jemand kam und ihnen den Glauben an ein Deutschland in politisch und wirtschaftlich stabilen Bahnen zurückgab. Da boten sich Hitler und die Nazis mit ihrer gezielten Propaganda für ein Deutschland in Ruhe, Ordnung und wirtschaftlicher Prosperität förmlich an. Und sie schafften es, auf demokratischem Wege an die Macht zu kommen. Hindenburg, in dem viele noch einen Repräsentanten des „alten soliden Zweiten Reiches" sahen, berief Hitler zum Reichskanzler. Das „Dritte Reich" begann.

Als die Nazis 1933 an die Macht kamen, war ich im zweiten Schuljahr. Aus der Zeit davor kann ich mich an Propagandamärsche rechtsradikaler und linksradikaler Parteien erinnern, die, wie ich von nicht so behüteten Schulkameraden hörte, stets mit Schlägereien endeten. Gesehen haben ich davon allerdings nichts. Wir durften ja abends nicht mehr auf die Straße. Und in unserer Anwesenheit wurde auch nicht über Politik gesprochen. Gut erinnern kann ich mich aber noch an die Propaganda vor der Reichspräsidentenwahl im März und April 1932. Aus Lautsprechern ertönten in allen Straßen die Namen der Kandidaten. So hörte ich damals neben Hindenburg, dessen Name mir bekannt war und den ich anlässlich seines Besuches in Flensburg einmal gesehen hatte, andere Namen wie Thälmann und Hitler.

Geprägt durch die deutsch-dänischen Auseinandersetzungen, mit denen mein Vater als Kind herangewachsen war, und seine Erlebnisse im Ersten Weltkrieg, die ihn bei der Abstimmung

1920 zu einem Verfechter des Deutschtums werden ließen, vertraute er dem greisen Generalfeldmarschall von Hindenburg. Er gehörte bis Anfang der dreißiger Jahre dem deutsch-nationalen Frontkämpferbund „Stahlhelm" an, trat dann aber 1933 oder 1934 aus. Aus meiner frühen Kindheit kann ich mich an den Stahlhelm an seinem Jackenaufschlag erinnern.

Von Unterhaltungen in der Familie weiß ich, dass ihm jede Art von Extremismus zuwider war. Entgegen seinen Bemühungen in meiner frühen Kindheit, möglichst alle schädlichen Einflüsse von mir fernzuhalten, versuchte er aber niemals in der Nazizeit, mich politisch zu lenken oder zu beeinflussen. Oder habe ich es nur nicht gemerkt? Sicherlich wird er es versucht, aber dann erkannt haben, dass ich auch für derartige Themen noch nicht reif genug war. Außerdem wollte er wohl einen Konflikt zu dem in der Schule und später in der nazistischen Jugendbewegung aufgenommenen Gedankengut vermeiden.

Von Bekannten habe ich erst nach seinem frühen Tod gehört, wie erbittert er über die Entwicklung in Deutschland war.

Was veränderte sich denn jetzt bei uns, in unserem Familienleben? Vorläufig gar nichts. Bereits in den vergangenen Jahren war der Umzug der Reederei Schuldt von Flensburg nach Hamburg beschlossen worden. Zwei Aspekte waren damals wohl ausschlaggebend. Erstens war durch den 1895 fertiggestellten Kaiser-Wilhelm-Kanal (Nord-Ostsee-Kanal) allmählich der Hauptverkehr auf dem Wasser an Flensburg vorbeigegangen und zweitens war nach dem 1.Weltkrieg ein großer Teil des Hinterlandes, nämlich Nordschleswig, abgetrennt worden. Es war also eine Überlebensfrage für eine Reihe Flensburger Firmen, die auf dem Weltmarkt tätig waren. Die Reederei Schuldt hatte bereits seit Jahren ein Kontor in Hamburg. So bereitete sich mein Vater mit seinen Kollegen und ihren Familien auf den Umzug nach Hamburg vor.

Anfang 1933 wurde das schöne Bürogebäude der Reederei verkauft. Das Haus, vor dem noch in den zwanziger Jahren die für damalige Verhältnisse großen Passagierdampfer der Reederei

Schuldt, „Rio Bravo“ und „Rio Panuco“, gelegen hatten und vor dem ich das große Flugboot DO-X gesehen hatte, das auf der Förde wasserte und dann unter unseren Fenstern anlegte. Flugkapitän Christiansen, ein ehemaliger Schiffskapitän der Reederei Schuldt, leitete das Manöver des großen 12-Propeller-Flugboots.

Es war ein großer Schritt für die Reederei Schuldt - und für mich. Ein prägender Teil meiner Kindheit war unwiederbringlich zu Ende, ein Abschnitt meines Lebens, in dem das Unbewusste langsam in das bewusste Leben überging.

1933 BIS 1942

Einige Monate vor unserem Umzug unternahm meine Mutter eine Reise nach Hamburg, um eine geeignete Wohnung für uns zu suchen. Mein Vater, mein kleiner Bruder Harro und ich, wurden inzwischen von meiner Großmutter Lange betreut, die während dieser Zeit auch bei uns schlief.

Da meine Großmutter seit fast fünf Jahren Witwe war und alleine lebte, war vereinbart worden, dass sie mit uns nach Hamburg ziehen sollte, zumal ihr jüngerer Sohn, mein Onkel Gerhard, bereits seit vielen Jahren dort wohnte.

Eine passende Wohnung für uns in Hamburg zu finden, die einerseits verkehrsgünstig zum neuen Büro der Reederei Schuldt am Alsterdamm (Ballindamm) lag, andererseits uns allen aber das Einleben in dieser zwanzigmal größeren Stadt nicht zu schwer werden ließ, war in der Tat nicht so einfach. In Flensburg konnten viele Angestellte das Büro zu Fuß zu erreichen, andere mussten die Straßenbahn benutzen. All das wurde in Hamburg jetzt anders. Nach dem Umzug fanden sie sich in den verschiedensten Stadtteilen oder in sogenannten Vororten wieder. Die jetzigen Wohnviertel Hamburgs sind ja ursprünglich zum großen Teil als Vor-Orte außerhalb der eigentlichen Stadt entstanden. Es gab aber auch Vororte, die gar nicht zu Hamburg gehörten, sondern selbstständige Städte in benachbarten preußischen Provinzen waren. Trotzdem waren sie der Großstadt inzwischen aber so nahe, dass sie zusammen mit Hamburg ein wirtschaftlich zusammenhängendes Gebiet bildeten. Das waren in erster Linie Altona (All zu nah), Harburg und Wandsbek. 1937 wurden diese drei Städte im Rahmen des Groß-Hamburg-Gesetzes Stadtteile von Hamburg.

In Wandsbek, im Stadtteil Marienthal, hatte meine Mutter eine günstige 5 ½ Zimmerwohnung für uns gefunden. Die Löwenstraße (jetzt heißt sie Rantzaustraße) lag verkehrsmäßig günstig zum sogenannten Chausseebahnhof der S- und Vorortsbahn (jetzt S-Bahn); und die Haupteinkaufsstraßen waren auch nicht weit. In der Löwenstraße gab es in der Hauptsache Einfamilienhäuser. Wir zogen in das einzige größere Mehrfamilienhaus an der Ecke Freesenstraße. Die Grenze zu Hamburg war nur etwa 200 Meter entfernt. Sie verlief in der Mitte der Hammerstraße.

Auf der Hamburger Seite der Hammerstraße standen große vier- oder fünfgeschossige Mietshäuser mit Durchgängen zu einer Reihe gleichhoher Hinterhäuser. Im Erdgeschoss der Vorderhäuser waren Läden aller Art, unsere späteren Quellen für „Kolonialwaren“, wie es damals hieß, sowie für Milch, Fleisch, Fisch und Gemüse. Das Angebot war groß und die Läden waren nicht weit. Der Kundendienst ging damals, in den dreißiger Jahren, aber soweit, dass wir Milch und Brötchen zwischen sechs und sieben morgens angeliefert bekamen und im Laufe des Vormittags vom Schlachter, vom Gemüsehändler und noch einmal jeweils vom Milchmann und Bäcker aufgesucht wurden.

Auf unserer, der Wandsbeker Seite der Hammerstraße gab es vorwiegend ein- oder zweistöckige Häuser, die dann in den Nebenstraßen in eine Villengegend übergingen.

In Wandsbek war nun also unser neues Zuhause. Wandsbek, wo meine Großmutter 1872 zur Welt gekommen war und in das sie mit uns jetzt zurückkehrte, sollte die Stätte meiner bewussten Kindheit werden. Hinter mir lag die Zeit der Schiffbrücke mit den frühkindlichen Träumen und Erinnerungen, vor mir lag die Knabenzeit. Es gab hier keine Förde, keine Hügel wie in Flensburg, aber auch Wandsbek war eine alte gewachsene Stadt, einwohnermäßig sogar etwa gleich groß wie Flensburg.

Ich besuchte die Schule in der Rennbahnstraße (jetzt Bovestraße), die spätere Hermann-Göring-Schule, nicht sehr weit von uns, am Ende der Löwenstraße und dann über den Chemnitzplatz. Letzterer, von uns Tschemmer genannt, war später ein beliebter Treffpunkt für Einheiten der Hitler-Jugend.

Es dauerte nicht lange, bis ich mich mit einigen Gleichaltrigen, die mit mir in einer Klasse waren und auch in unserem Teil der Löwenstraße wohnten, anfreundete. Wenngleich ich mich auch heute noch an einige Namen meiner Mitschüler in Flensburg erinnere, so hatte ich doch nie Gelegenheit, sie auch einmal außerhalb der Schule zu treffen. All das wurde jetzt anders. Um uns herum gab es Kinder, sowohl im Haus wie auch in den Nachbarhäusern, auf allen Seiten.

Hauptsächlich war ich jetzt und in den folgenden Jahren mit einem Klassenkameraden zusammen, dessen Eltern etwa 100 Meter von uns ein Haus mit einem schönen Garten hatten. Wir freundeten uns bereits im Laufe des ersten Jahres in Wandsbek an und sind, trotz unterschiedlicher Werdegänge, die jeden von uns viele Jahre von Wandsbek fernhielten, bis zum heutigen Tag, da er wieder zu Hause wohnt und auch ich mich nicht weit von der alten Gegend niedergelassen habe, befreundet.

In unserer Schulklasse waren nicht nur Kinder aus Marienthal, sondern auch aus den angrenzenden Bezirken, in denen zum Teil sozial schwächer gestellte Familien wohnten. Damals wurde periodisch abgefragt, wessen Vater noch erwerbslos war oder kurzarbeitete. Diese Kinder nahmen dann an einer kostenlosen Schulspeisung teil. Natürlich gab es auch für alle wieder Milch, aber keine heiße aus abgestoßenen Emaillebechern.

Mit neun Jahren wurde ich trotz verschiedener Schwächen zusammen mit einer kleinen Anzahl meiner Klassenkameraden ins Gymnasium übernommen. Hier zeigte sich jedoch bald, dass ich offensichtlich überfordert war. Das erste Schuljahr war noch nicht zu Ende, als ich erkrankte, einige Wochen im Bett verbrachte und anschließend auf den Rat der Ärzte in ein Kinderheim nach Wyk auf Föhr geschickt wurde. Als ich zurückkam, wurde Familienrat gehalten und beraten, was nun geschehen sollte. Auf das Gymnasium wollte ich nicht wieder, so beschloss man denn, mich in die Volksschule zurückzuschicken, um eventuell später eine weiterführende Schule zu finden.

Inzwischen waren wir mitten im „Dritten Reich". Einige Lehrer fragten uns, wer noch nicht im Jungvolk sei. Am Anfang waren es noch viele - und man ließ es dabei bewenden. Dann kam aber die Zeit, als die meisten der Zehn- und Elfjährigen schon eingetreten waren. Ich murmelte auf Befragen etwas, wie „noch keine Gelegenheit gehabt". Das stimmte sogar. Es waren ja entweder das Elternhaus oder die gleichaltrigen Freunde, durch die man zum Beitritt animiert wurde.

Zu Hause stand man den Nazis zumindest skeptisch gegenüber. Von meinen engeren Freunden war auch noch keiner „Pimpf". Trotzdem sah ich natürlich viele, die ich kannte und die in Uniform zum „Dienst" gingen. Bei Umzügen, von denen es damals viele gab, marschierte neben der SA auch die HJ und das Jungvolk (die Zehn- bis Vierzehnjährigen) mit. Ich hörte auch, dass Jungvolkgruppen „auf Fahrt" gingen, d.h., sie fuhren mit dem Fahrrad oder der Bahn zum Zelten in landschaftlich schöne Gegenden. Man redete von Abhärtung und von Kameradschaft.

Ende 1936 wurde das Gefrage in der Schule so intensiv, dass ich mich, zusammen mit einem Freund, entschloss, den Erklärungen und Ausflüchten ein Ende zu bereiten. Eines Nachmittags nahmen wir dann zur Information an einem Treffen einer Jungvolkgruppe teil. Diese Treffen nannten sich Heimabende, obgleich sie, jedenfalls zu meiner Zeit, fast immer am Nachmittag stattfanden. Der Heimabend, zu dem wir gingen, wurde in einem kleinen Gemeinschaftsraum unserer Schule abgehalten - mit etwa 10 oder 12 Jungen in mehr oder weniger vollständiger Uniform und einem Jungschaftsführer, der vielleicht zwei Jahre älter war.

Wir wurden mit kräftigem Handschlag begrüßt. Dann ging es los. Thema war das Packen eines Tornisters, von den Eingeweihten „Affen" genannt. Zum ersten Mal hörte ich, dass die Schuhe an die Seiten des unteren Teils, des sogenannten Kastens, gehören und sonstige wichtige Regeln, von deren Bedeutung ich bisher gar keine Ahnung gehabt hatte. Auch das komplizierte Falten einer dreieckigen Zeltbahn wurde erklärt und vorgeführt, die dann zusammen mit der Decke mittels Riemen hufeisenförmig oben und an den Seiten des Tornisters befestigt wurde. Alles Dinge, die mir später in der HJ und noch später beim Militär zur Selbstverständlichkeit wurden. Damals waren wir beiden „Zivilisten“ allerdings nicht sonderlich beeindruckt.

Trotzdem hatte mir das Zusammensein in der Gruppe, in der übrigens auch einige waren, die ich flüchtig von der Schule her kannte, gefallen. Es war so ähnlich, wie ich mir die Pfadfinder- oder Wandervogelbewegung vorstellte. Dass HJ und Jungvolk ganz andere Zielsetzungen hatten - die vormilitärische Ausbildung nämlich - war mir damals noch nicht klar. Ich ging also in der Woche darauf nochmals hin und ließ mich vorläufig aufnehmen.

So einfach war die Aufnahme als „Pimpf“ aber dann doch nicht. Ich musste zuerst eine sogenannte „Pimpfenprobe“ bestehen. Wenn ich auch kein Sportler war, so konnte ich doch einigermaßen laufen und springen. Auch die Mutprobe, die in meinem Fall im Herabspringen von einer hohen, aber letztlich doch ungefährlichen Sanddüne bestand, bereitete mir keine Schwierigkeit - im Gegensatz zu den Schwierigkeiten, die mir die vorgeschriebenen drei Klimmzüge und der Schlagball-Weitwurf bereiteten. Letztendlich schaffte ich es aber doch.

Meine Mutter kaufte mir dann ein braunes Hemd mit Halstuch und Knoten. Eine schwarze Kniehose hatte ich. Statt mit einem dünnen Gürtel wurde sie jetzt mit einem Koppel gehalten. Einen Schulterriemen durfte nur tragen, wer die Pimpfenprobe erfolgreich abgelegt hatte und offiziell als Pimpf anerkannt worden war. Das waren die Anfänge meiner „aktiven Nazizeit“.

Inzwischen waren alle in unserer Klasse im Jungvolk. Ich lernte viele Wandsbeker Jungen kennen und fühlte mich in ihrem Kreis auch wohl. Mindestens einmal in der Woche hatten wir Dienst, entweder Heimabend, Sport oder Geländespiele. Auf Heimabenden wurden uns überwiegend Geschichten aus der sogenannten „Kampfzeit“ nahegebracht. Die klangen Ende der dreißiger Jahre für mich etwas abstrakt, da ich die einige Jahre zurückliegende „Kampfzeit“ der Nazis gegen Sozialdemokraten und Kommunisten nie kennengelernt hatte. Trotzdem muss natürlich eine Anzahl meiner damaligen Kameraden aus eben diesen Sozi- und Kommunistenfamilien gekommen sein. Auf deren Eltern ist sicherlich politischer Druck ausgeübt worden, sodass sie ihre Jungen zähneknirschend zum Dienst in der HJ oder im Jungvolk geschickt haben. Das waren jedoch Dinge, die ich damals nicht wusste.

Die „Judenfrage“ war für mich auch sehr theoretisch, weil ich keine Juden kannte, die Anlass für entsprechende Gespräche gegeben hätten. Ich hatte wohl einige Mal Juden in meinem Leben getroffen, wie den alten Lumpenhändler in Flensburg, der in einem Nachbarhof sein Geschäft hatte. Gesprochen hatte ich allerdings nie mit ihm oder er mit mir. Ähnlich ging es mir mit einem Jungen, mit dem ich 1931 in Flensburg eingeschult worden war. Ich wusste, dass seine Eltern ein Schuhgeschäft in der Stadt hatten und dass es Juden waren. Das hatte für mich aber keinerlei Bedeutung. Ich hatte zu diesem Jungen ebenso wenig ein engeres Verhältnis wie zu all den anderen Mitschülern. Später dann in Wandsbek lebte zu Anfang der dreißiger Jahre eine Judenfamilie in der Löwenstraße. Sie hatte auch einen Sohn, den ich sogar einmal besuchte. Da er aber viel jünger als ich war, sah ich ihn nur sehr selten, später dann gar nicht mehr. Ich glaube, es wurde gesagt, dass die Familie fortgezogen sei. Darüber nachgedacht, was das unter Umständen zu dieser Zeit hieß, habe ich allerdings erst viel später.

So wuchs mit mir und den Gleichaltrigen um mich herum eine junge Generation auf, deren Eltern, oft politisch völlig verunsichert, kaum oder nur zaghafte Schritte unternahmen, um innerhalb der Familie eine eigene Meinung durchzusetzen. Gewiss, wären wir fünf Jahre älter gewesen, dann hätte sich so etwas wohl automatisch ergeben. So aber waren wir noch im politisch unreifen Alter von 10 bis 14 Jahren. Und die Älteren scheuten in den meisten Fällen eine offene Konfliktsituation zum täglichen Leben in der Schule oder in der Hitler-Jugend.

Viele verantwortungsbewusste Väter beschränkten sich - wie mein eigener Vater - darauf, unser Gedankengut zu kontrollieren. Ich musste viel erzählen und man legte großen Wert darauf, meine Freunde persönlich kennenzulernen. Ich weiß nicht, ob ich von mir und meinen damaligen Freunden sagen kann, wir waren junge deutsche Idealisten, fern jeder Radikalität, Idealisten ohne Fanatismus. Wir hatten einige der alten Ideale wie: „Dem Schwachen zum Schutz und dem Starken zum Trutz", an die wir glaubten, nur blieben davon bei den Nazis wenig positive Aspekte übrig. Es war diese propagandistisch aufbereitete Jugend, die von Hitler für seine Wahnvorstellungen vom weltbeherrschenden „Großdeutschen Reich" missbraucht wurde. 1939 wurde ich von einem „linientreuen" Propst konfirmiert, sodass auch von der Seite keine Denkanstöße erfolgten.

Noch im selben Jahr begann Hitler den Krieg.

Natürlich waren meine Eltern heilfroh, dass ich erst 14 Jahre alt war. Ich kann mich gut an einen Traum aus dieser Zeit erinnern. Ich träumte, dass ich das Kriegsende in England in der Kriegsgefangenschaft, dort jedoch in relativer Freiheit, verleben würde. Was sich dann Jahre später tatsächlich ereignen sollte, war 1939 so unvorstellbar, dass meine Mutter, der ich meinen Traum erzählte, mich nur auslachte.

1939 beendete ich die Volksschule und bestand mit Vorbehalt die Aufnahmeprüfung für die Staatliche Handelsschule. Es war erst während des letzten Teils meiner Handelsschulzeit, dass ich mir meiner Lernfortschritte bewusst wurde und eine vorher nie gekannte Selbstsicherheit beim Unterricht verspürte. Es war wie ein plötzliches Erwachen. Mit Ach und Krach in die Schule aufgenommen, verließ ich sie nach zwei Jahren mit einem der besten Zeugnisse der Klasse.

Ich bewarb mich für die gehobene Laufbahn der Reichsfinanzverwaltung und wurde aufgrund meines guten Abschlusszeugnisses auch angenommen.

Von 1941 bis 1942 nahm ich an einem Lehrgang an der Reichsfinanzschule Herrsching teil. Es gab einige solche Schulen in Deutschland, in denen jeweils mehrere Hundert junge Anwärter, Jungmänner genannt, aus allen Teilen des Reichs ein Jahr lang intensiv ausgebildet wurden. Neben der fachlichen Ausbildung wurden wir auch noch in allgemeinen Fächern, hier aber hauptsächlich in Mathematik, Deutsch und deutscher Geschichte, geschult. In Anbetracht der Tatsache, dass die gehobene Laufbahn nur für Abiturienten offen war, sollte durch diesen einjährigen Intensiv-Lehrgang eine Art Verwaltungsabitur geschaffen werden. Ich bestand auch hier die Abschlussprüfung mit „gut" und kehrte zu meiner Dienststelle nach Hamburg zurück.

Noch 1942 wurde ich zum Reichsarbeitsdienst und Anfang 1943 zur Luftwaffe eingezogen. Zur Luftwaffe hatte ich mich freiwillig gemeldet, um als Flieger meinen Kriegsdienst zu leisten. Die hierfür notwendige Zustimmung der Eltern erhielt ich nur, weil meine Eltern hofften, dass der Krieg vor dem Ende der Ausbildung zu Ende sein würde.

DIE STÄTTE MEINER GEBURT

Das ist die Schiffbrücke in Flensburg und das dreistöckige rote Backsteinhaus (links hinter dem Heck bzw. hinteren Ende des Schiffes) war früher das Haus der Reederei H. Schuldt, in dem ich 1925 geboren wurde und meine Kleinkindheit verbrachte.

1936
mit Bruder Harro

und 1943
als junger Soldat

KRIEGSDIENST

Zusammen mit vielen Hundert Fluganwärtern war ich fast ein Jahr im besetzten Frankreich stationiert und die Aussicht, einen Platz auf einer Flugzeugführerschule zu bekommen, schien sehr gering.

Zu meinem ersten Heimaturlaub traf ich am Morgen des 23. Juli 1943 in Hamburg ein. Natürlich war die Wiedersehensfreude groß.

Am ersten Abend zu Hause sprachen wir u.a. auch über das Risiko eines alliierten Bombenangriffs auf Hamburg. Mein Vater plante, für meine Mutter und sich selbst in Bad Oldesloe ein Zimmer zu mieten und von dort zur Arbeit nach Hamburg zu fahren. Das klang sehr vernünftig. Mein kleiner Bruder Harro - drei Jahre jünger als ich - war damals mit seiner Klasse des Wandsbeker Gymnasiums in Ungarn. Die meisten Kinder waren, soweit möglich, evakuiert.

Meine Großmutter Lange, die bei uns gelebt hatte, war bereits 1941 gestorben.

Ich habe damals nur eine einzige Nacht zu Hause geschlafen. Bereits in der nächsten Nacht vom 24. zum 25. Juli 1943 fand der erste der befürchteten Großangriffe auf Hamburg statt.

Meine Eltern gingen immer in den als Schutzraum vorgesehenen Keller des zweigeschossigen Nachbarhauses. Die Decke des Raumes, der zum größten Teil unter der Erde lag, war abgestützt, die Fenster waren mit Sandsäcken verbarrikadiert. Unser Haus hingegen, in dem sechs Partien wohnten, war nicht unterkellert. Es gab jedoch einen kleinen etwas tiefer gelegenen Raum in jeder der Parterrewohnungen, der ursprünglich als Speisekammer vorgesehen war, dafür aber nicht benutzt wurde. Die anderen Bewohner unseres Hauses gingen bei Fliegeralarm in einen dieser Räume, der nicht besonders gesichert war und auch nicht als Schutzraum ausgewiesen wurde.

Diese eingespielte Routine lief auch in der Nacht zum 25. Juli ab. Nachdem wir uns schnell angekleidet hatten, lief ich mit meinen Eltern ins Nachbarhaus. Natürlich erwarteten wir, dass die feindlichen Flugzeuge Hamburg, wie so oft in der Vergangenheit, überfliegen würden. Mit meinem Vater und unserem Nachbarn hielt ich mich die ersten fünf Minuten noch im Garten auf. Als das Feuer der schweren Flak aber immer intensiver wurde und wir zwischendurch auch das Dröhnen der Motoren von vielen Flugzeugen hörten, begaben auch wir uns in den Keller.

Da saßen wir - acht Personen - und warteten. Es waren bange Minuten. Plötzlich schreckte uns ein Geräusch auf, das wir noch nicht kannten: das Heulen von fallenden Bomben. Es schien so, als wenn Reihenwürfe auf uns zukamen. Eine Bombe schlug in einiger Entfernung ein, dann eine Zweite aus der gleichen Richtung, schon ganz nahe bei uns. Als wir die dritte Bombe heranheulen hörten, blieb uns allen das Herz stehen. Keiner bewegte sich, keiner sagte etwas. Das Unausweichliche musste jetzt kommen. Und es kam:

Ein vielstimmiger Aufschrei vermischte sich mit der Detonation der Bombe und dem Herabstürzen der Decke. Obgleich die Decke abgestützt war, brach sie doch unter der Wucht des zertrümmerten Hauses zusammen. Gleichzeitig mit der Detonation wurde es vollkommen dunkel. Ich fühlte einen starken Schlag auf den Kopf. So laut es Sekunden vorher hier noch war, so still wurde es jetzt. Ich hörte zwar weiterhin Bomben und Flakfeuer, aber nicht mehr in unmittelbarer Nähe. Ich saß direkt neben einer Tür in einer Zimmerecke, das rettete mir wohl das Leben. In panischer Angst lauschte ich ins Dunkle, dann schrie ich nach meiner Mutter und meinem Vater, die eben noch wenige Meter entfernt gesessen hatten. Ich hörte jedoch nur das leise Rieseln von Schutt.

Als ich wieder denken konnte, merkte ich, dass mir etwas Schweres, wohl ein Balken, auf dem Kopf lag. Es ließ sich nicht viel bewegen, da das eine Ende oder auch der größte Teil anscheinend unter dem Schutt lag. Meine Beine waren auch bis zu den Oberschenkeln von Schutt umgeben. Unter Aufwendung meiner ganzen Kräfte kam ich dann doch heraus. Ob ich durch eine offene Tür oder durch ein Loch in der Wand ins Freie gelangte, weiß ich nicht mehr.

Plötzlich stand ich im Garten des Hauses, dessen ganzer oberer Teil nicht mehr vorhanden war. Ich musste Hilfe holen.

Das Haus nebenan, in dem wir wohnten, brannte im zweiten Stock. Ich sah aber keine Menschen. Die mir so vertraute Löwenstraße war nicht wiederzuerkennen. Ich lief zum 50 Meter entfernten Polizeirevier. Dort war kein Mensch. Ich erinnerte mich jetzt, dass ja sämtliche Aktivitäten von einer Zentrale in der Horst-Wessel-Straße (jetzt Schädlerstraße) geleitet wurden. Was sollte ich nun tun, ich wollte mich ja auch nicht zu weit entfernen. Dann lief ich aber doch. Zwischen Claudius und Schillerstraße, fiel ich in einen riesigen Bombentrichter, stolperte jedoch weiter, erreichte die Horst-Wessel-Straße, meldete, dass das Haus, in dem wir waren, eingestürzt sei und dass sich noch sieben Personen in den Trümmern befanden.

Von einem Polizisten wurde ich zu der im Keller befindlichen Notarzt-Station gebracht. Ich sah wohl schlimm aus. Das Blut rann mir übers Gesicht, meine Kleidung war zerrissen, ich war am Ende meiner Kräfte.

Als ich mit genähter Wunde und verbundenem Kopf zu mir kam, hörte ich, wie jemand „Gerhard“ rief. Es war unsere Nachbarin, die auch neben oder in einer Tür stehend überlebt und hierher gefunden hatte. Unter Schluchzen rief sie immer wieder: „Alle andern sind tot, alle andern sind tot!“

Sobald ich in der Lage war wieder aufzustehen, machte ich mich auf den Weg zurück in die Löwenstraße. Der Angriff war vorüber. Hamburg lag wie von einem gewaltigen Schlag gefällt da. Bevor die Stadt sich wieder aufrichten konnte, erhielt sie in den kommenden Tagen und Nächten weitere schwere Schläge, die sie in eine Trümmerlandschaft von bis dahin nicht vorstellbaren Ausmaßen verwandelten.

Als ich wieder in unseren Teil der Löwenstraße kam, sah ich einen Trupp der technischen Nothilfe Wasser auf einen noch rauchenden Trümmerberg spritzen. Das Haus, in dem wir wohnten, war zur Hälfte abgebrannt, stand in seinen Grundmauern aber noch. Von einer Frau hörte ich, dass alle Personen das Haus unverletzt verlassen konnten.

Vollkommen benommen irrte ich umher und fragte alle möglichen Leute immer wieder, ob denn keine Menschen aus dem Nachbarhaus geborgen worden seien. Jeder sagte mir, dass dort alle im Keller verschüttet und verbrannt wären. Später stellte sich dann heraus, dass das den Tatsachen entsprach.

Auch meine Eltern waren tot...

Ich verbrachte den Rest meines Heimaturlaubs im Lazarett in Wandsbek-Gartenstadt, wo meine Wunde versorgt und ich auch von einer Station aufgenommen wurde, obgleich meine Kopfwunde eine stationäre Behandlung nicht eigentlich notwendig gemacht hätte. Am nächsten Tag wurde das Lazarett getroffen und kurz darauf nach Buchholz verlegt. Auch dahin nahm man mich mit.

Zwischendurch hatte ich mich beim zuständigen Militärkommando in Hamburg gemeldet, meine Ausrüstung in der Luftwaffenkaserne in Hamburg-Rissen wieder vervollständigen lassen und Kontakt mit meinem Onkel, der in Bergedorf stationiert war, aufgenommen. Mein Onkel hatte im selben Haus in der Löwenstraße in der Nebenwohnung gewohnt, hatte aber seine Frau, seine zwei kleinen Töchter und sich in Sicherheit bringen können.

Zwei Nachbarn hatten inzwischen bestätigt, dass sie bei der Bergung die Leichen meiner Eltern identifiziert hatten...

Anfang August war ich wieder nach Frankreich unterwegs. Vorher hatte ich noch einen Brief an den Lehrer meines Bruders in Ungarn geschrieben und ihn gebeten, meinem Bruder Harro den Tod unserer Eltern möglichst schonend beizubringen.

Zum Fliegen kam ich dann letztendlich eher zufällig. Ende 1943 befand sich auch der Neffe eines Luftwaffen Generals in meiner Kompanie. Dieser General veranlasste damals die Versetzung seines Neffen auf eine Flugzeugführerschule. Während die meisten Fluganwärter 1944 zu Erdkampfeinheiten in den Osten versetzt wurden, gehörte ich zu einer kleinen Gruppe, die Ende Dezember 1943 – zusammen mit dem Neffen des Generals - zur Flugzeugführerschule A 10 in Warnemünde fuhr.

Während der nächsten Monate lernte ich fliegen. Da gab es den Umgang mit Gefahrensituationen in der Luft, den Überlandflug, Anfänge des Verband- und Instrumentenfluges und dann war da noch der Kunstflug! Was gibt es Schöneres für einen jungen Flieger, als in einem kleinen Flugzeug auf dreitausend Meter Höhe zu steigen und leichte und schwierigere Kunstflugfiguren zu üben:

Ich fühlte, wie der Gashebel, den ich in der linken Hand hielt, leicht nach vorne geschoben wurde. Dann wurde der Steuerknüppel, den ich mit meiner rechten Hand umfasst hielt, nach links gedrückt. Gleichzeitig bewegte sich mein rechter Fuß auf dem Seitenruder etwas nach vorne. Jetzt wurde der Steuerknüppel leicht nach vorne gedrückt, die Füße waren inzwischen wieder nebeneinander. Der Horizont vor mir hatte sich auf den Kopf gestellt. Wo vorher die Erde war, also unten, war jetzt der Himmel. Und die Erde war jetzt über mir. Langsam glitt der Steuerknüppel, immer links bleibend, wieder von vorn zur Mitte zurück, während mein linker Fuß sich jetzt nach vorne bewegte. Gleich darauf standen die Füße wieder nebeneinander, der Steuerknüppel befand sich in der Mitte und das Flugzeug flog in seiner ursprünglichen Lage.

Der Fluglehrer erläuterte nochmals die einzelnen Phasen der soeben beendeten langsamen oder gesteuerten Rolle, die er gesteuert und ich nur mitgefühlt hatte. Ich konnte mir nicht so recht vorstellen, dass ich das - Loopings waren noch verhältnismäßig einfach dagegen - jemals alleine machen könnte.

Natürlich hatte auch ich eine oder zwei Wochen später bereits gelernt, wie man eine solche Rolle fliegen musste; der Flugpfad durfte dabei ja für den kritischen Beobachter am Boden - trotz der vielen Stützbewegungen mit den Rudern - keine großen Schlingerbewegungen zeigen.

Ich lernte auf der guten alten „Bücker Bestmann“ fliegen, die neben anderen Typen damals auf den A-Schulen hauptsächlich benutzt wurde.

Unsere Fliegerei dauerte leider nicht lange. Nach der Grundausbildung auf der A-Schule wurde ich an den zur B-Schule Roth gehörenden Flugplatz Deiningen bei Nördlingen und von dort nach Magdeburg versetzt, wo auf dem Flugplatz Magdeburg-Ost meine fliegerische Karriere erst einmal zu Ende ging. Ab Herbst 1944 gab es hier nur noch Theorie, weil kein Treibstoff für unsere Flugzeuge mehr vorhanden war.

Dann ging alles sehr schnell:

Im Januar 1945 geriet ich mit einer Fallschirmjäger-Kampfgruppe der Luftwaffe im Erdeinsatz, zu der ich abkommandiert worden war, in der Nähe der holländischen Grenze in englische Gefangenschaft.

Für mich war der Krieg zu Ende. Und ich hatte ihn überlebt, als Einziger unserer Familie. Mein Bruder Harro wurde Anfang 1945 mit seiner Wandsbeker Schulklasse als Flaksoldat zum Fronteinsatz geschickt - an die Ostfront. Im April, in den schweren Kämpfen im Raum Frankfurt an der Oder und Küstrin, wurde er vermisst gemeldet. Alle späteren Nachforschungen sind erfolglos geblieben.

IN ENGLISCHER GEFANGENSCHAFT

Die letzten Stunden vor meiner Gefangennahme waren noch ziemlich turbulent. Unsere Gruppe hatte auf einer Wiese in der Nähe der holländischen Grenze, in Schützenlöchern Stellung bezogen, wurde aber am 28. März von den an uns vorbei vordringenden britischen Truppen abgeschnitten. In etwa 300 Meter Entfernung war auch eine britische Panzereinheit vorgestoßen. Als einige der Panzer sich in unsere Richtung in Bewegung setzten, befürchteten wir, dass sie uns in unseren Löchern entweder mit Flammenwerfern vernichten oder durch Überrollen und Drehen auf der Stelle eingraben würden. Beides hatten wir von anderen Abschnitten erzählen hören.

Wir waren acht Mann, jeder in einem Erdloch. Durch Zurufe konnten wir uns verständigen. So saß jeder für sich und musste mit seinen beklemmenden Gefühlen fertig werden. Wir waren ja keine erfahrenen Frontsoldaten, sondern hatten nur das Elementarste schnell gelernt. Wir hatten kein Benzin zum Fahren und waren in den vergangenen Tagen große Strecken täglich marschiert. Und der einzige deutsche Panzer, den wir vor zwei Tagen gesehen hatten, war auch wegen Treibstoffmangels stehen gelassen worden. Zwei von uns hatten noch eine Panzerfaust. Würden sie sie im Notfall einsetzen? Zum Glück für uns trat dieser Fall nicht ein, die britischen Panzer drehten ab. Dafür wimmelte es jetzt von feindlicher Infanterie, von denen eine Abteilung begann, unseren Abschnitt nach deutschen Soldaten abzusuchen.

Die beiden jungen Engländer, die auf mein Erdloch zukamen, hatten mindestens soviel Angst wie ich. Wir ließen unsere Waffen liegen und wurden gemeinsam zu einer naheliegenden Straße geführt, auf der eine schier endlose Kolonne britischer Fahrzeuge auf den weiteren Vormarsch wartete. Wir waren zwar nur eine kleine Gruppe, aber es gab sehr viele dieser kleinen Gruppen, die auf einem mit Stacheldraht umsäumten Gelände zusammengeführt wurden. Ein englischer Offizier rief die verschiedenen deutschen Einheiten, die in unserem Abschnitt eingesetzt waren, mit Namen oder Nummer auf. Man wusste genau Bescheid und war auf uns vorbereitet. Für uns war das sehr deprimierend.

Hier stieß ich mit anderen Kameraden unserer Einheit wieder zusammen. Insgesamt waren wir wohl einige Hundert. Abends gab es sogar noch etwas zu essen, Corned Beef, für jeden eine Dose, dazu ein Päckchen Keks und Tee. Getrunken wurde aus dem unteren Teil der Corned Beef Dose.

Wir befanden uns auf einer feuchten Wiese, die sich nicht zum Hinlegen eignete. Ich sehe noch den großen Kreis der im Stehen schlafenden Männer vor mir. Ein jeder legte seine verschränkten Arme auf den leicht vorgebeugten Rücken des Vordermannes. Umfallen konnte keiner, dazu waren es zu viele. Ausgeschlafen hatten wir sicherlich nicht, als sich der Kreis am frühen Morgen auflöste...

Eine Kolonne britischer Armeelastwagen brachte uns nach Zedelgem, einer kleinen Ortschaft in der Nähe von Brügge in Belgien, in ein riesiges Lager für Tausende von Gefangenen. Mit der am Eingang in Empfang genommenen Wolldecke sowie einem Essnapf bezogen wir unser neues „Zuhause". Ich kann nicht erinnern, ob wir noch etwas Stroh erhielten. Das Schlafen auf dem Betonfußboden war jedenfalls nicht sehr komfortabel, aber wir waren ja nicht verwöhnt. Weil es auch noch kalt war, bildeten wir kleine Schlafgruppen, d.h., wir schliefen jeweils mit einem oder zwei anderen zusammen. Jeder hatte ja nur eine Decke, so legten wir denn eine Decke unter und deckten uns mit den restlichen Decken zu.

Das Hauptproblem war aber nicht das Schlafen, sondern die Verpflegung. Mittags wurde in die Gebäude ein Kessel mit Suppe für jeweils 25 Mann geliefert. Wir saßen dann bei der Austeilung im Kreis herum, um uns von der gerechten Verteilung zu überzeugen. Ein jeder erhielt einen halben Napf voll dünner Flüssigkeit, mit jeweils zwei kleinen oder einer mittelgroßen Kartoffel.

Wir waren alle hungrig wie die Wölfe und löffelten unsere „Suppe“ innerhalb weniger Minuten aus. Abends gab es für jeden ein Viertel eines locker gebackenen, viereckigen Weißbrots, das man bequem zu einer Scheibe zusammendrücken konnte, dazu Tee, sonst nichts. Das Brot war natürlich auch in wenigen Minuten gegessen und vergessen.

Wir kamen allmählich so von Kräften, dass wir nicht mehr schnell aufstehen durften, um nicht schwindelig zu werden. Von Zeit zu Zeit wurden gelernte Kräfte für irgendwelche Arbeiten angefordert. Ich kann mich noch gut erinnern, als bekannt wurde, dass Bäcker angefordert werden sollten. Der Kamerad, mit dem ich damals zusammen war, hatte irgendwann auch einmal Bäcker gelernt. Er überraschte mich mit seinem freudigen Ausruf: „Da gehn wir zusammen hin!“

„Bist du verrückt?“ antwortete ich, „ich habe eine Backstube ja noch nicht einmal von innen gesehen.“ Aber er meinte nur: „Das machen wir schon.“

In den darauffolgenden Tagen lernte ich morgens, mittags und abends alles über Themen wie Sauerteig, etc. etc.. Es ist für mich sicherlich ein Glück, dass daraus nichts wurde; bezeichnend ist es aber, dass ich einmal bereit war, meinen Namen auf die Liste für „gelernte Bäcker“ zu setzen.

Ende April wurde bekannt gegeben, dass alle ehemaligen Angehörigen des Fliegenden Personals und der Marine nach England verlegt würden. Offiziell war ich ja noch Angehöriger des Fliegenden Personals, wie die Schwingen am Unterärmel meiner Uniformjacke bewiesen.

Am Abend, an dem wir in einem Transportschiff hätten auslaufen sollen, war so starker Sturm, dass sämtliche Schifffahrt über den Kanal eingestellt wurde. Kurz nach Mitternacht - der Sturm hatte sich etwas gelegt - ging es aber doch los.

Ganz vorne, wo die Ladeplattform, über die wir vorher in das Schiff einmarschiert waren, bei geschlossenem Bug hochgezogen und jetzt schräg nach oben anstieg, standen die Toilettenkübel.

Ich saß oder kauerte ziemlich mittschiffs. Man erzählte sich, dass es bei dem stampfenden Schiff da vorne ganz fürchterlich sei. Ich bemerkte auch, dass kaum einer von denen, die mal kurz dorthin wollten oder mussten, zu uns zurückkam. Da wir viele Stunden unterwegs waren, musste auch ich schließlich mal nach vorne. Es war wirklich fürchterlich. Das in der schweren See auf und ab stampfende Schiff, der Anblick der Unglücklichen, die es nicht mehr zurückgeschafft hatten, und der entsetzliche Gestank. Ich konnte mich kaum auf den Beinen halten. Mit großer Willensanstrengung schaffte ich es noch, ein Stück zurückzutorkeln. Bis zu meinem alten Platz kam ich aber nicht mehr. Auf halbem Wege ging ich zu Boden. In der Zwischenzeit hatte man die Luken nach oben an Deck geöffnet. Die frische Luft brachte eine leichte Linderung. Ich erholte mich wieder.

Es muss wohl am frühen Vormittag gewesen sein, als wir in die Themsemündung einliefen, um die Tilbury Docks zu erreichen. Jetzt mussten oder durften wir nach oben an Deck kriechen. Was für ein Bild. Auf Schiffen um uns herum waren die Decks angefüllt mit ausgehungerten, leicht verwahrlost aussehenden, kreidebleichen Gestalten, die im kalten Morgenwind froren. Nicht weit von der Pier hielt ein Eisenbahnzug, der uns zum Londoner Auffanglager, der großen Pferderennbahn Kempton Park, brachte.

Ich war zum ersten Mal in England, dem Land in das, wie ich wusste, meine Eltern ihre Hochzeitsreise gemacht hatten. Aber unter welch anderen Umständen war ich jetzt hier.

Auf dem Gelände der Rennbahn standen viele Zelte für Neuankömmlinge vom Festland. Nachdem wir im Zug nach London wieder Corned Beef und Keks bekommen hatten, ging es im Lager erstmals zum Duschen. In der Duschbaracke gab es richtige schäumende Seife, wie wir sie aus der Zeit vor dem Krieg noch erinnern konnten. Sie war frisch und noch nicht ausgetrocknet.

Vor dem Duschen waren wir registriert worden und hatten jeder einen englischen Armeekleidersack, eine gefärbte englische

Uniform (mit großen andersfarbigen Markierungsflicken, jeweils auf dem Rücken der Bluse und auf einem Hosenbein) sowie etwas Wäsche erhalten.

Nach dem Duschen zogen wir unsere frische Wäsche und die neue Uniform an und verstauten die alte, die inzwischen chemisch gereinigt worden war, im Kleidersack. Wir fühlten uns plötzlich wieder wie Menschen, ein angenehmes lange entbehrtes Gefühl. Fast hätten wir die vergangenen Wochen bereits vergessen, wenn wir nicht, trotz Corned Beef und Keks, nach diesem ausgedehnten aber auch ermüdendem Duschbad jetzt mächtig hungrig gewesen wären.

Man erzählte sich, dass es heute noch eine warme Mahlzeit geben würde. Schön wär's. Wir trugen erst einmal unsere Sachen zu den uns zugewiesenen Zelten und gingen dann zu einer Baracke, vor der sich eine große Traube von Männern in die Nähe der schmalen Tür drängte. Dort, so hieß es, gäbe es warmes Essen. Es kamen aber immer nur kleine Grüppchen von jeweils fünf oder sechs Leuten heraus und eine entsprechende Anzahl wurde dann auch nur hineingelassen.

Der Grund dieser langsamen Abfertigung war einzig und allein der nicht übermäßig große Speiseraum. Wir fanden einen Platz. Auf den Tischen standen Terrinen mit heißer Suppe, in der neben Gemüse und Kartoffeln auch viel Fleisch war. Diese Terrinen wurden laufend wieder gefüllt. Wir erhielten Teller und Löffel und konnten essen, bis wir satt waren. Es war ganz offensichtlich wirklich genügend da.

Am nächsten Morgen wurden wir in Gruppen eingeteilt, die von Kempton Park aus in Lager in verschiedenen Teilen Südenglands gebracht werden sollten. Meiner Gruppe gehörten noch etwa zwanzig andere an. Am späten Vormittag ging es mit Armeelastwagen in westliche Richtung, wie jemand aus dem Stand der Sonne schloss. Die Landschaft war leicht hügelig, wurde aber immer einsamer. Irgendwann zweigte unser Wagen dann vom Konvoi ab; wir fuhren jetzt auf einer Hügelkette entlang. Ganz plötzlich bogen wir von der Straße ab und hielten nach knapp 100

Metern vor einem großen Tor. Wir waren im Spring Hill Camp in den nördlichen Cotswolds angelangt. Ein großes Areal mit etwa 30 Baracken lag vor uns. Hier sollte ich die kommenden eineinhalb Jahre verbringen.

IN DEN COTSWOLDS

Wir waren offensichtlich von Städten weit entfernt, selbst bei kleinen Ortschaften handelte es sich nur um Bauerndörfer.

Kurz nach unserer Ankunft in Spring Hill - der Krieg war inzwischen zu Ende - wurden wir erstmals von einem Verhöroffizier in Kategorien (A bis C) eingestuft. „A“ bedeutete „Antifaschist“ und „C“ bedeutete „faschistischer Militarist“. Zusätzlich gab es Abstufungen in Form von plus oder minus, von „A+“ bis hin zu „C-“. Da ich dem Verhöroffizier, der meine Meinung zu den Konzentrationslagern, über die ich damals noch nicht sehr viel wusste, erfahren wollte, die Terrorangriffe auf unsere Städte entgegenhielt, wurde ich als „C+“ eingestuft.

Es war die Zeit, in der ich an die Greueltaten der Nazis noch nicht glauben konnte. Das kam erst später nach vielen Gesprächen mit anderen Gefangenen, die mehr gesehen hatten als ich. So wurde mir hier im englischen Kriegsgefangenenlager klar, was die Nazis wirklich alles angerichtet hatten.

Wir hatten jetzt ja Muße; so suchte ich Gespräche mit Leuten, die schon vor 1933 politische Erfahrungen gemacht hatten. Sie waren jetzt wieder Sozialdemokraten, Kommunisten, Liberale oder Konservative. Für mich eröffnete sich eine ganz neue Welt. Ich besuchte Vorträge und diskutierte mit Gleichaltrigen. All das wurde von den Engländern gefördert. Zum Glück, denn nur durch politische Umerziehung unserer Jahrgänge, die im „Dritten Reich“ aufgewachsen waren, konnte ein positiver Wandel im Denken in Deutschland unterstützt werden. Die Erkenntnis, dass auch politische Abstinenz keinen Bürger einer Demokratie von der Mitverantwortung entbindet, war wohl mein Fazit dieser „Umerziehung“.

Für viele Jüngere mag mein vorangegangener Bericht über das Erleben des „Dritten Reiches“ unverständlich oder gar unglaubwürdig erscheinen. Aber ich habe meine Erinnerungen an diese Zeit, wie ich glaube, realistisch wiedergegeben. Jetzt, mehr als 50 Jahre später, klingt sogar für mich manches etwas pathetisch. Und zugeben muss ich natürlich, dass ich politisch damals noch sehr unreif war. Sicherlich gab es viele wie mich, für die es niemals eine direkte Konfliktsituation gegeben hat, in der ich Unrecht tun bzw. miterleben und dulden musste oder die persönliche Konsequenz hätte ziehen müssen. Wäre ich in Situationen, von denen ich erst später wusste, auch schuldig geworden? Darauf kann ich nur ehrlich antworten: „Ich weiß es nicht“.

Im Spring Hill Camp wurde viel geboten. Es gab ein Orchester, eine Theatergruppe, auch Kurse und allgemein interessierende Vorträge von Fachleuten der verschiedensten Richtungen. Unter hunderten von Kriegsgefangenen gab es natürlich auch Ältere, die im Zivilleben interessante Berufe ausgeübt hatten und jetzt bereit waren, uns Jüngeren davon zu berichten. Beliebt waren zum Beispiel die Erlebnisberichte eines Pastors, der viele Jahre als Missionar in Afrika gelebt hatte. Für Interessierte, und sehr viele von uns waren interessiert, gab es plötzlich viel zu lernen: Sprachkurse, philosophische Vorträge, solche über Geschichte oder über Kompositionslehre usw. usw., um nur ein paar zu nennen, an deren Teilnahme ich mich noch erinnern kann. Was hatte wir nicht alles nachzuholen...

Dann, es war wohl Spätsommer 1945, wurden Arbeitskommandos eingeteilt. Für einen Minimalverdienst arbeiteten wir auf Bauernhöfen und im Straßen- oder Siedlungsbau. Es war für uns eine willkommene Abwechslung. Mit den verdienten Schillingen und Pence konnten wir uns auch nützliche Kleinigkeiten kaufen.

Die Verpflegung war eigentlich ganz gut, obgleich wir, nachdem der ständige Hunger erst mal vertrieben war, schnell anfingen, zu meckern. Dabei vergaßen wir, dass die Lebensmittel in England in den ersten Jahren nach dem Krieg noch rationiert waren. Ich kann mich zum Beispiel erinnern, dass der Bevölkerung damals einmal erklärt wurde, den Kriegsgefangenen müssten mehr Kartoffeln als die normale Ration zugeteilt werden, weil man in unserem Land gewohnt sei, größere Mengen davon zu essen.

Ganz allmählich gewöhnten wir uns wieder an einen geregelten Tagesablauf. Morgens um 8 Uhr wurden wir von Lkws oder Bussen abgeholt. Unser Mittagsbrot hatten wir dabei. Abends zwischen 5 und 6 Uhr kamen wir von der Arbeit zurück. Manchmal, bei der Ernte, gab es sogar Überstunden, die dann direkt vom Bauern (bedeutend besser) bezahlt wurden.

Abends besuchten wir Kurse oder gingen zu Vorträgen oder Aufführungen, an Sonntagen zum Gottesdienst.

Mit dem Englischlernen war das so eine Sache. Gewiss, in der Theorie, d.h. im Kursus, lief es so wie in der Schule, aber wir waren ja in England.

Da wir in Gruppen arbeiteten, war immer einer der Dolmetscher. Die andern wechselten wohl auch mal ein paar Wörter mit den Einheimischen, besonders weit ging das aber nicht. Und das hatte einen einfachen Grund. Viele von uns hatten schon erlebt, dass selbst die kürzesten Gespräche schnell zu Ende waren, weil wir unsere Gesprächspartner nicht verstanden. Natürlich sprach man in diesen Gegenden kein Schulenglisch, aber es ging einfach zu schnell. Wenn wir mutig genug waren und um langsamere Wiederholung baten, erhielten wir in den meisten Fällen denselben Satz noch einmal, diesmal aber in doppelter Lautstärke, leider jedoch ebenso schnell wie vorher. Dabei waren die Einheimischen aber fast alle ausgesprochen nett zu uns.

Innerhalb des Lagers entwickelten sich auch Freundschaften, die insofern besonders waren, als man hier, mehr als im normalen Leben, einen ständigen Ansprechpartner brauchte. Ein jeder lebte in der Erinnerung an die Zeit vor der Gefangenschaft, und die war ja auch nicht in wirklicher Freiheit verlaufen. Für die Älteren gab es das Vor-Vorher, für die Jüngeren, zu denen ich gehörte, nicht. Wir warteten ja noch auf unsere Jugend. Die wurde jetzt aber von den noch jüngeren Achtzehn-, Neunzehnjährigen zu Hause in Deutschland gelebt. Als wir zurückkamen, waren wir vergleichsweise schon alt. Aber das waren Probleme, die sich erst später zeigen sollten.

IN DEN MIDLANDS

Ende 1946 wurden ein paar von uns in das kleine „Bromley Lane -Hostel“ am Rande des Industriezentrums westlich von Birmingham verlegt. Dort konnten wir uns relativ frei innerhalb der umliegenden Ortschaften bewegen, nur mussten wir um 10 Uhr abends wieder in unserer Baracke sein.

Wir arbeiteten hier wieder zum Teil auf Baustellen, meist jedoch in der Industrie, in Ziegeleien, Eisenwerken, Glasfabriken bzw. Glasbläsereien, für die diese Gegend bekannt war.

Ich arbeitete damals zusammen mit einem Kameraden in einer Asphaltfabrik, wo der aus Trinidad importierte Rohasphalt mit anderen Zutaten aufgekocht und für die Verwendung als Straßenbelag aufbereitet wurde.

Seit einiger Zeit gab es für die umliegenden Gemeinden ein Kriegsgefangenen-Wohlfahrtskomitee, das es sich zur Aufgabe gemacht hatte, den Kriegsgefangenen die Möglichkeit zu privaten Kontakten zu vermitteln. Auch ich hatte diesmal die Gelegenheit ein Weihnachtsfest im Rahmen einer Familie zu verleben. (s. unter „Erinnerungen an vergangene Weihnachten“)

Als das Jahr 1947 zu Ende gegangen war, rückte die Zeit der Repatriierung, der Rückführung in die Heimat, immer näher. Sogenannte Antifaschisten, oder die, die als solche eingestuft worden waren, fuhren bereits Anfang 1947 nach Hause. Jetzt ging es nur noch nach dem Zeitpunkt der Gefangennahme. Ich wurde im Mai 1948 von England nach Munster-Lager in der Lüneburger Heide verlegt und dort am 25. Mai 1948 mit einigen Hundert anderen aus der Kriegsgefangenschaft entlassen.

Im Sommer 1942 war ich zum Reichsarbeitsdienst eingezogen worden, jetzt hatten wir fast Sommer 1948. Sechs Jahre waren vergangen, als ich jetzt wieder als Zivilist nach Hamburg zurückkam, die Jahre von 17 bis 23, das war meine Jugend. Aber so erging es ja allen Gleichaltrigen. Wir kamen „heim“ mit

Erfahrungen, die keiner hier brauchte, und fanden es schwer, dort wieder anzuknüpfen, wo unser Leben vor vielen Jahren unterbrochen worden war.

Wohin in Hamburg? Mein Onkel wohnte mit seiner Frau und den beiden Kindern in einem Zimmer. Sonst war von unserer Familie keiner mehr da.

Als ich mich in Hamburg anmeldete und um Unterkunft nachsuchte, verwies man mich an den Hochbunker am Hauptbahnhof, beim jetzigen ZOB. Bevor ich mich dort meldete, fuhr ich jedoch erst einmal wieder in unsere alte Gegend, in die Löwenstraße, die inzwischen Rantzaustraße hieß.

DIE NACHKRIEGSJAHRE

In der Rantzaustraße besuchte ich die Familie meines alten Schulfreundes, mit dem ich bereits aus der Gefangenschaft einige Briefe gewechselt hatte. Ebenfalls 1943 ausgebombt, hatten seine Eltern sich in ihrem Garten ein kleines Haus bauen lassen, welches dann später Basis für das durch mehrmalige Um- und Ausbauten in den vergangenen 40 Jahren neu erstandene Gebäude wurde.

Hier wurde ich herzlich empfangen. Und als ich von meiner zukünftigen Wohnung im Hochbunker am Hauptbahnhof sprach, lud man mich spontan zum Bleiben ein. Trotz beschränktem Platz fand ich bei dieser Familie wieder ein Zuhause und wurde als dritter Sohn oder fünftes Familienmitglied integriert, in einer Zeit, in der das Leben noch voller Entbehrungen war. Nicht nur, dass es in den ersten Nachkriegsjahren noch Schwierigkeiten bei der täglichen Beköstigung gab, auch heute kaum noch vorstellbare häusliche Probleme - wie zum Beispiel das Waschen für eine große Familie mit der Hand und das Haushalten ohne Kühlschrank - machten das Leben einer Hausfrau unvergleichlich viel schwerer als heute. Um so mehr war ich natürlich dankbar, dass ich so bereitwillig angenommen wurde. Was ich damals in die Haushaltskasse einbringen konnte, war außerdem so wenig, dass ich ohne dieses großherzige Verhalten meiner Freunde in ernste Schwierigkeiten gekommen wäre.

Letzteres hatte folgenden Grund. Die Finanzverwaltung sah sich die zurückkehrenden Beamtenanwärter jetzt noch mal erneut an. Zumal im Gehobenen Dienst musste man jetzt erst noch einmal beweisen, dass eine Eignung wirklich vorhanden war. Drei Jahre nach Kriegsende waren natürlich inzwischen viele Beamte aus den Ostgebieten gekommen und neue Abiturienten drängten in den Staatsdienst nach. So war die Auswahl groß. Man wollte daher unter denen, die noch im „Dritten Reich“ angenommen wurden, die aber noch keinen Abschluss hatten, die jetzt als ungeeignet Erkennbaren, aussondern.

„Erkennbar“ sollte man sich in einer Eignungsprüfung machen, die in meinem Fall etwa zehn Tage nach meiner Rückkehr angesetzt worden war.

Ich traf eines Morgens Anfang Juni 1948 mit etwa zehn anderen Heimkehrern zusammen. Da man zu dem Zeitpunkt keine Fachkenntnisse prüfen konnte, beschränkte man sich auf die Prüfung der allgemeinen Intelligenz. Mittels eines Aufsatzes, eines Essays, sollten Stil bzw. Ausdruck und logische Denkstruktur und mit einer Reihe von Rechenaufgaben die Gewandtheit im Gebrauch mit Zahlen geprüft werden.

Von anderen hatte ich bereits gehört, dass sie sich Sorge machten, selbst hatte ich aber eigentlich keine Befürchtungen. Es sollte sich auch schnell erweisen, dass ich keine zu haben brauchte. Das Thema „Das Buch, der Freund des Menschen“ war für mich nicht schwierig zu entwickeln. An Anfang und Ende setzte ich ein Sprichwort, dann leitete ich von der Geschichte der Buchherstellung und Druckkunst zum modernen Medium über, schrieb über den Wert des Buches in der Fach- und der Unterhaltungsliteratur - Letztere besonders für Einsame und Kranke - und schloss mit der Feststellung, dass ständiges Lesen von guten Büchern die Fantasie anrege und fördere. Ich war ganz zufrieden. Das Rechnen war ebenfalls kein Problem.

Zwei oder drei Wochen später wurden wir zur Personalabteilung auf die Oberfinanzdirektion bestellt, um nun persönlich die Ergebnisse zu hören.

Es wurden Aufsätze, hauptsächlich aber die Rechenkünste der Einzelnen kritisiert. Zwei waren so schwach, dass sie sich als ungeeignet zu erkennen gegeben hatten.

Und dann kam ich an die Reihe. Rechnen wurde nicht weiter erwähnt, aber der Aufsatz. Meine Sprichwörter wurden so quasi als geistesschwach abqualifiziert. „Sag mir, was du liest, und ich sag dir, wer du bist“ mochte ja noch angehen, aber: „Ein Mensch von Geist ist nie allein", war ja wohl unmöglich. Der arme Mensch „von Geist" wurde mir höhnisch um die Ohren gehauen. Man könne im Gehobenen Dienst nur Leute gebrauchen, die auch verständliche Briefe und Berichte schreiben können, eine Fähigkeit, die mir offensichtlich völlig fehle. Was sollte ich da sagen. Ich hatte mich als ungeeignet „zu erkennen gegeben".

Wir Ungeeigneten wurden dann aber doch gnädig für den Mittleren Dienst zugelassen und neu eingestellt. Ein Jahr später bestand ich eine Prüfung so gut, dass der gleiche Beamte zu zwei anderen und mir sagte, man müsse sich dafür einsetzen, dass wir sofort in den Gehobenen Dienst aufsteigen könnten. Er hat mich wohl nicht erkannt.

Drei Jahre später gab es dann die erste Möglichkeit zum Wiederaufstieg. Als aber ein anderer aus „Dienstaltersgründen" vorgezogen wurde, hatte ich endgültig genug. Trotz Protest wurde meine effektive Dienstzeit seit 1941 nicht berücksichtigt. Selbstverständlich gönnte ich meinem Kollegen seinen Aufstieg, nur konnte ich nicht einsehen, dass ich wieder einmal, wie ich meinte, ungerecht behandelt werden und mich damit zufriedengeben sollte.

Dies war der Hintergrund für meine Entscheidung, als Auswanderer in Übersee mir selbst zu beweisen, wozu ich fähig war. Behörden hatten ihren Reiz für mich verloren - und dabei war ich noch 1952 zum Beamten auf Lebenszeit ernannt worden.

Privat hatte sich seit meiner Rückkehr aus der Gefangenschaft nicht sehr viel verändert. Ich wohnte nicht mehr bei meinen Freunden in der Rantzaustraße, sondern hatte mir ein möbliertes Zimmer im Stadtteil Fuhlsbüttel genommen. Natürlich waren sie auch weiterhin meine Familie, d.h. die Menschen, die mir am nächsten standen.

In den frühen Fünfzigern hatte ich ein Motorrad, später ein altes Auto, ich segelte mit Freunden, die ein großes Boot hatten, auf der Ostsee und tat alles Mögliche um meine Jugend nachzuholen. Einmal in der Woche traf ich mich mit einem Freund aus der Gefangenschaft. Auch seine Mutter verwöhnte mich u.a. mit guten Mahlzeiten in geselliger Runde.

Und dann - 1953 - war diese unbeschwerte Zeit zu Ende. Ich hatte es so gewollt. Mein Reisetermin stand fest.

Ich hatte mich für Australien entschieden. Es war damals das einzige Land, das Bedarf an ungelernten Arbeitern hatte, denn dass ich als solcher auswandern musste, war mir klar. Ich würde drüben Einwanderer sein wie viele vor mir. Es kam allein auf mich an, was ich daraus machte...

AUSWANDERER

Ich arbeitete als Bergmann in einem der bedeutendsten Kupfer-, Zink- und Bleibergwerke der Welt, im australischen Mount Isa. Mount Isa liegt im Nordosten Australiens, im Bundesstaat Queensland, und ist eine typische kleine Bergwerksstadt, die Mitte der fünfziger Jahre noch weniger als 10.000 Einwohner hatte. Es war die Endstation der Eisenbahn, die einmal in der Woche von Townsville am Pazifischen Ozean in Mount Isa ankam und tags darauf wieder zurückfuhr. Außerdem hatte Mount Isa einen kleinen Flugplatz und war durch Autobusse mit dem Nord-Territorium verbunden.

Wir arbeiteten in drei Schichten, eine Woche in der Morgenschicht, von 8 bis nachmittags um 4, die nächste Woche in der Nachmittagsschicht, von 4 bis Mitternacht und in der dritten Woche in der Nachtschicht, von Mitternacht bis morgens um 8 Uhr. Während der Arbeit merkte man nichts von dieser Einteilung, weil es mehrere Hundert Meter unter der Erdoberfläche gleichbleibend dunkel war.

Nach Mount Isa hatte es mich auf der Suche nach Arbeit auf einer Cattle Station (Rinder-Ranch) verschlagen. Ich war einige Monate vorher als ungelernter Arbeiter nach Australien gekommen - ehemalige Finanzbeamte aus Hamburg waren in Übersee damals nicht so gefragt - und wollte jetzt auch Arbeit finden, die möglichst wenig mit dem für mich bisher normalen Leben zu tun hatte. Meine Mitauswanderer waren fast alle in der nächstgelegenen Landeshauptstadt (Melbourne oder Adelaide) geblieben und hatten dort auch schnell Arbeit in Fabriken, staatlichen Versorgungsbetrieben oder bei der Eisenbahn gefunden. Ich zog für mich allein weiter, musste mir aber immer irgendwo etwas Geld verdienen. Zu meinem Glück war es damals noch möglich, überall in Australien zu arbeiten, wenn man nicht wählerisch war.

Von einer Apfelplantage in den Hügeln um Adelaide hatte ich an den Manager einer Cattle Station im Norden des

Kontinents geschrieben. Als ich nichts hörte, fuhr ich erst einmal 300 km nach Norden, nach Port Augusta. Da gab es jedoch keine Cattle Stations, dafür aber Arbeit als Zuarbeiter (Handlanger) in einem Schweißer-Team. Wir bauten in Port Augusta ein großes Kraftwerk.

Meine nächste Station war Alice Springs, ziemlich genau im Mittelpunkt des australischen Kontinents. Bis Alice Springs fährt die einspurige Eisenbahn von Südaustralien, aus Port Augusta und Adelaide kommend. Ich hatte mir einen Schlafwagenplatz gebucht, was für die 2 ½ Tage-Strecke angebracht war, und fuhr damals mit dem letzten der legendären Dampfzüge. Diese Züge hießen traditionsgemäß Ghan, in Anlehnung an die früheren Kameltrecks, für die im letzten Jahrhundert mit den Kamelen auch Afghaner nach Australien gebracht worden waren.

Um Alice Springs herum waren zwar Cattle Stations, es dauerte aber nahezu vier Wochen, bis ich endgültig erfuhr, dass dort für mich keine Arbeit zu finden war.

Ich wohnte im alten, heute in der Form nicht mehr vorhandenen Stuart Arms Hotel in der Todd Street. Damals gab es noch sogenannte Junggesellenräume, die man mit drei oder vier anderen Männern teilte. Dadurch wurde das Wohnen im Hotel natürlich viel billiger.

Das waren für mich sehr interessante Wochen, denn ich traf dort erstmals mit Leuten zusammen, die zum Teil schillernde „Karrieren“ im Innern des Landes hinter sich hatten. Sie hatten alle viel erlebt und waren reich an Erfahrung, anderen Reichtum hatten sie allerdings kaum gefunden.

Mein spezieller Freund war Peter, ein alter englischer Architekt, der ein kleines Büro in der Todd Street, ganz in der Nähe des Hotels, hatte. Peter wohnte zwar nicht im Hotel, er kam aber mittags und abends dorthin zum Essen. Mit ihm habe ich mich oft lange unterhalten. Er war in dem kleinen Städtchen - damals hatte Alice Springs gerade 5.000 Einwohner - sehr bekannt und konnte mir viel vom Nord-Territorium und von Alice Springs erzählen.

Er war es auch, der mich an die für eine Vermittlung in Frage kommenden Leute verwies.

Als sich nun herausstellte, dass es in Alice Springs, bzw. in der Umgebung, keine Arbeit für mich gab, buchte ich einen Platz im Omnibus nach Darwin. Das war wieder eine lange Reise von 1.500 km, die der Bus in drei Tagesetappen zurücklegte. Darwin liegt an der Timor See und hatte damals etwa 10.000 Einwohner.

Meine Erkundigungen dort brachten mir zwar keine Arbeit, aber die Kenntnis, warum ich bisher noch keine Arbeit auf einer Cattle Station gefunden hatte. Ich hörte hier nämlich, dass es seit jetzt drei Jahren nicht mehr ausreichend geregnet hatte und daher die Aktivitäten auf den Stations auf ein Minimum heruntergeschraubt worden waren. Man arbeitete eigentlich nur mit Leuten, die hier aufgewachsen waren, so sehr viele Arbeitsplätze gab es sowieso nicht. Die Leute auf diesen Stations kannten sich fast alle, persönlich oder doch bei Namen - und das in einem Gebiet, das etwa so groß ist wie Großbritannien, Frankreich und Deutschland zusammen.

Ich suchte mir also erst mal wieder etwas anderes. 75 km südlich von Darwin entstand das Uranbergwerk Rum Jungle. Dort befand sich jetzt eine große Baustelle, an der Firmen aus Sydney Straßen, Anlagen und Holzhäuser in die Wildnis hinein bauten. Dort wurden stets Arbeiter gesucht.

Zwei Tage nach meiner Ankunft verließ ich also Darwin bereits wieder mit drei anderen auf der abgedeckten Ladefläche eines Lastwagens.

Das einzige feste Gebäude im Gelände von Bachelor, sechs Kilometer von Rum Jungle entfernt, war das Depot, in dem sich auch die Stehbierhalle, die sogenannte Bar befand, in der das Bier reichlich floss. Die Arbeiter waren in provisorischen Hütten untergebracht, oftmals waren es nicht mehr als ein paar roh zusammengenagelte Bleche. Wir hatten aber alle ein Feldbett mit Strohsack und auch ein Moskitonetz.

Wenn ich an die Zeit in Rum Jungle zurückdenke, erinnere ich mich vor allem an den im festen trockenen Lehmboden entstehenden Swimming Pool, an dem ich in den ersten zwei Wochen mitarbeitete. Meine Schläge mit der Kreuzhacke lösten jeweils nur winzige Erdpartikel. Es dauerte immer unendlich lange, bis ich zur Schaufel greifen konnte, um den losgelösten Boden in einer Schubkarre über eine schmale Planke nach oben zu fahren. Um mich herum machten etwa zehn andere das Gleiche. Nie wieder habe ich so viele Blasen an den Händen gehabt. Dazu war es noch heiß, jeden Tag über 35 Grad im Schatten, in dem man aber leider nie arbeiten konnte. Wir waren hier nördlich des Wendekreises des Steinbocks, also in tropischen Breitengraden, und die Sonne brannte während der Mittagsstunden fast senkrecht auf uns herab. Einen Hut trug man hier grundsätzlich. Ich hatte mir einen ganz dünnen Leinenhut gekauft, den ich leicht waschen konnte und der auch ziemlich schnell trocknete.

In Rum Jungle war ich mit Einwanderern aus vielen verschiedenen Ländern zusammen. Mein Nachbar in unserer Hütte war ein junger Ire, dessen Aussprache des Buchstabens „R“ mich so beeindruckte, dass ich mir angewöhnte, es ihm, so gut ich konnte, gleichzutun. Das hatte zur Folge, dass ich einige Monate später zwar nicht für einen Iren, aber für einen Amerikaner gehalten wurde.

Der ständige Gebrauch der englischen Sprache sollte für mich später von großem Vorteil sein. Ich bekam ein Ohr für die vielen feinen Unterschiede der Aussprache.

In Rum Jungle arbeitete ich auch eine Zeit lang mit einem Franzosen zusammen. Er erzählte mir von Mount Isa, der Bergwerksstadt im westlichen Queensland, wo ebenfalls einige Hundert Einwanderer arbeiteten. Die Arbeitsbedingungen sollten gut sein und der Verdienst auch. Ein holländischer Zimmermann, der seit einer Woche bei uns arbeitete, wusste noch mehr über Mount Isa zu berichten. Dort wurde, zusätzlich zum normalen Lohn, ein Bleibonus gezahlt, der sich nach dem Marktpreis von

Blei richtete und jeden Monat neu festgesetzt wurde. Er erzählte auch, dass es sehr strenge Einstellungsuntersuchungen gab, um die Tauglichkeit neuer Arbeitskräfte sicherzustellen.

Als dann wieder ein Einsatzwechsel stattfand, durch den ich andere Arbeit zusammen mit anderen Leuten bekommen sollte, war mein Entschluss schnell gefasst. Ich ließ mich am Ende der Woche auszahlen und fuhr mit dem täglich zwischen Rum Jungle und Darwin verkehrenden Lastwagen zurück nach Darwin. Diesmal konnte ich sogar mit vorne sitzen. In Darwin fiel es mir auch nicht schwer, schon für den nächsten Tag einen Platz im Flugzeug nach Mount Isa zu bekommen.

Diese kleine Stadt war mit dem Bergwerk, das Anfang der dreißiger Jahre entstanden war, gewachsen. Es drehte sich dort alles um die Gewinnung und Aufbereitung von Erz.

Ich nahm ein Zimmer in einem der wenigen Hotels und erkundigte mich, wohin ich mich auf meiner Arbeitsuche wenden müsse. Man verwies mich direkt an das Bergwerk. So machte ich mich noch am ersten Nachmittag auf den Weg und fand auch die Verwaltungsbaracke. Nachdem ich ein Formblatt ausgefüllt hatte, wurde ich zur Ärztebaracke geschickt, untersucht und durchleuchtet. Leider konnte ich das Ergebnis nicht gleich mitnehmen, sondern wurde für den kommenden Morgen wieder in die Verwaltungsbaracke bestellt.

Auf dem Weg zurück in die Stadt traf ich einige Arbeiter, die ihre Schicht beendet hatten und nun auf dem Wege zu ihrer Unterkunft waren. Ich kam mit zwei Holländern und einem Engländer ins Gespräch, die in einer Art Hostel, genannt Central Lodge, wohnten und bereits seit mehreren Monaten in Mount Isa arbeiteten. Sie waren sehr zufrieden und gaben mir den Rat, auch in die Central Lodge umzuziehen, weil das Wohnen dort bedeutend billiger als im Hotel und vollkommen auf die Schichtarbeiter eingestellt sei. Sie nahmen mich gleich mit zur Lodge. Ich lernte die Manageress, eine energische aber freundliche Frau mittleren Alters, kennen.

Am nächsten Tag bekam ich tatsächlich eine Zusage. Ich solle mich mit weiteren drei Neuen am Tage darauf morgens um 8 Uhr am Bergwerkstor zur Arbeit melden.

Wieder in die Stadt zurückgekehrt, zog ich in die Central Lodge ein, die, wie der Name schon andeutet, im Zentrum der kleinen Stadt lag und aus vier lang gestreckten Baracken bestand, von denen eine in Küche, Speise- und Vorratsraum und die anderen drei in Schlafräume aufgeteilt waren. Man wies mir ein Bett in einer Stube an, in der noch zwei weitere Betten standen, von denen aber nur eines belegt war. Mein Stubengenosse war ein Ungar, den ich jedoch selten sah, weil er immer eine andere Schicht als ich hatte.

Da die Lodge die Schlafplätze mit voller Verpflegung vermietete, brauchte man sich eigentlich um nichts zu kümmern. Die Essenszeiten waren so geregelt, dass jede Schicht einmal am Tag eine warme Mahlzeit bekam. Außerdem gab es Frühstück und zum Mitnehmen ein großes Lunchpaket. All das war einfach aber schmackhaft zubereitet.

Am nächsten Morgen um 8 Uhr, zum Beginn der Tagesschicht, traf ich am Tor mit den anderen Neuen zusammen. Die Schichtarbeiter waren inzwischen schon alle verschwunden, als wir von einem älteren Bergmann zu einer Baracke geführt wurden. Dort gab es erst mal etwas theoretischen Unterricht, bei dem wir lernten, mit welchen Risiken wir im Bergwerk zu rechnen hätten und wie man sich schützen müsste.

Eines der Hauptrisiken in einem Bergwerk mit bleihaltigem Erz war zum Beispiel der anfallende Staub, der aber nicht überall auftrat. Als Schutz dagegen gab es Masken, die die Atemluft filterten, sowie unterirdische Lüftungsanlagen, die aber nur an zentralen Stellen vorhanden waren. Außerdem wurden alle Arbeiter routinemäßig durchleuchtet, um eventuelle Schädigungen an Lunge und Atemwegen frühzeitig zu erkennen.

Das klingt alles sehr gefährlich; wir haben es aber nie so ernst genommen. Mir ist auch während meines Aufenthalts kein

Fall einer Vergiftung oder Schädigung der Lunge durch Erzstaub bekannt geworden.

Viel gefährlicher aus unserer Sicht war ein anderes Risiko: die Unfallgefahr durch die unterirdische Bahn, die Erzzüge, in den engen Stollen. Um diesem Risiko vorzubeugen, mussten alle Bergleute Sicherheitsstiefel tragen, deren Stahlkappe angeblich einem Druck von mehreren Tonnen Gewicht widerstehen und uns so vor Quetschungen schützen konnte, falls uns einer der Erzzüge gegen die Füße fuhr. Von solchen Unfällen oder auch von Stürzen in Schächte hatten wir schon gehört, selbst wenn ich zum Glück keinen persönlich kannte, dem so etwas passiert war.

Nach den ersten Einweisungsstunden wurden uns die vorgeschriebenen Sicherheitsstiefel angepasst, für die wir auf unserem Lohnkonto belastet wurden. Wir hatten auch Gelegenheit, Arbeitshemd und -hose zu kaufen. Diese Einkäufe waren preislich günstig, weil die Artikel in großen Mengen eingekauft wurden. Vom Bergwerk gestellt wurde der Helm nebst Lampe und Batterie. Die Batterie wurde am Gürtel getragen und war durch ein Kabel mit der am Helm befestigten Grubenlampe verbunden. Die Hose war aus einer Art Jeansstoff, das Hemd aus dickem Flanell, damit es sowohl den Schweiß aufnehmen, als auch bei der oft vorhandenen Zugluft wärmend wirken konnte. Diese Bekleidungs- und Ausrüstungsstücke waren übrigens die einzigen, die man unter Tag benötigte, mehr nahm man auch nicht mit. Eventuell notwendige Atemmasken waren unten vorrätig.

Am ersten Nachmittag, an dem uns auch unser Spind zugewiesen worden war, machten wir mit einem erfahrenen Bergmann eine Besichtigungstour unter Tage. Zum ersten Mal fuhren wir in einem Förderkorb ein. Inzwischen wussten wir, dass es zurzeit insgesamt 12 Ebenen gab, in denen aber nicht überall gearbeitet wurde. So sahen wir beim Abwärtsfahren einige dunkle stillgelegte Stollen.

Als wir in der siebenten Ebene ausstiegen, befanden wir uns einige Hundert Meter unter der Erdoberfläche. Wir wussten, dass es oben früher Nachmittag war. Hier unten in der Nähe des

Schachts war zwar alles gleißend hell, die Helligkeit nahm aber schnell ab, je tiefer wir in den Stollen kamen.

In einem Kontrollraum hingen nummerierte Marken an Haken, die auswiesen, ob sich der betreffende Bergmann im Stollen befand oder wieder ausgefahren war. Wir wurden von dem für die Ebene verantwortlichen Schichtboss begrüßt und hörten, dass zurzeit 34 Bergleute in den verschiedenen Stollen der Ebene an der Arbeit waren.

Unweit vom Kontrollraum befand sich der Lunchraum, der sogenannte Crib Room. Auf dem langen Tisch standen die Lunchkoffer der Bergleute. Daneben war ein verhältnismäßig kleiner Waschraum mit Toilette. Geduscht wurde ja oben nach der Schicht.

In einem Stollen hörten und sahen wir dann auch die Bahn, lange Reihen von Wagen, bedeutend größer als unsere Loren, gezogen von Elektromaschinen. Viel Platz war hier wirklich nicht, wenn so ein Zug vorbeirumpelte.

Bevor wir wieder nach oben fuhren, kamen wir noch zu einem Crusher, einer Zerkleinerungsanlage, in die das Erz aus den Zügen gekippt wurde, um dann in einem riesigen Mahlwerk zerkleinert zu werden. Anschließend wurde es im nächsttieferen Stollen wieder in Zügen aufgefangen und durch den separaten Erzschacht nach oben befördert. Durch kräftige Lüftungsanlagen war die Luft um den Crusher herum ziemlich sauber.

Als wir wieder oben ankamen, fühlten wir uns fast schon wie richtige Bergleute.

Einen weiteren Tag arbeiteten wir Neuen noch über Tage, wurden dann aber unterschiedlichen Schichten zugeordnet. Ich musste mit der Nachmittagsschicht in der Ebene 9 anfangen.

Ich gehörte also zu denen, die mittags ihre warme Mahlzeit erhielten, und konnte mir auch mein sauber eingepacktes Lunchpaket in der Küche abholen. Mit ungefähr 30 anderen aus der Central Lodge machte ich mich auf den etwa anderthalb Kilometer langen Fußweg zum Bergwerk. Unterwegs trafen wir noch mit anderen zusammen, die aus verschiedenen Richtungen zu uns stießen.

Dies sollte für die nächsten Wochen immer das gleiche Bild sein, nur die Tageszeit änderte sich mit der Schicht von Woche zu Woche.

Unten angekommen, teilte mich der Schichtboss einem Vormann zu, der für die Befahrbarkeit der unterirdischen Bahnstrecke zuständig war. Zusammen mit einem anderen sollte ich ein Stück Strecke freischaufeln, in das von einem Zwischenschacht Geröll auf die Schienen gefallen war. Wir marschierten fast 10 Minuten, so schien es mir jedenfalls, und erreichten nach mehreren Hundert Metern die Stelle, an der schon ein leerer Wagen bereitstand. Unterwegs waren wir an verschiedenen Abzweigungen vorbeigekommen und fühlten uns jetzt weit entfernt von allen anderen. Es war schon ein eigenartiges Gefühl, nicht nur Hunderte von Metern unter der Erde, sondern auch fast die gleiche Distanz vom Einstiegsschacht entfernt zu sein.

Um vier Uhr hatte unsere Schicht begonnen. Um halb acht kam der Vormann um uns zur „Mittags"-Pause, abzuholen. Im Crib Room trafen wir mit den anderen Bergleuten unserer Schicht zusammen. Es gab einen großen Kessel mit Tee, aus dem sich jeder bedienen konnte, dazu aßen wir unseren mitgebrachten Lunch.

Plötzlich fing es an zu rumoren, der ganze Berg vibrierte und zitterte. Erschrocken blickte ich mich um. Zu meinem Erstaunen schienen die andern gar nichts gemerkt zu haben. Mein Nachbar lächelte: „Ja, das sind die Sprengungen".

Ich erfuhr, dass immer zur Lunchzeit, wenn alle Bergleute im Crib Room saßen, auf allen Ebenen gesprengt wurde. Ich gewöhnte mich allmählich daran, wie all die anderen auch.

Ich hatte bereits einige Wochen im Bergwerk gearbeitet, als ich eines Tages einen interessanten Brief erhielt, der mir von Adelaide über die verschiedenen Stationen nachgesandt worden war. Der Manager der Cattle Station im Nord Territorium schrieb mir, dass ich bei ihm anfangen könne. Dazu müsste ich mich in Alice Springs mit einem Transportunternehmen verständigen, das einmal im Monat zur Station fuhr. - Was nun?

Gerade den Tag zuvor hatte man mir ab nächste Woche einen neuen Arbeitsplatz am Crusher mit Sonderbonus angeboten. Es war ein Glücksfall für mich, dass ich so schnell dorthin kommen sollte. Das meinten jedenfalls meine Arbeitsgefährten, die auch darauf warteten. So musste ich mich jetzt entscheiden: gutes Geld im Bergwerk oder endlich die Möglichkeit, Cowboy zu werden.

Nachdem ich eine Nacht darüber geschlafen hatte, entschied ich mich für die Cattle Station, kündigte zum Wochenende und buchte einen Platz im Bus nach Tennant Creek und von dort weiter nach Alice Springs. Das war eine Zweitagesreise mit Übernachtung in Tennant Creek, an der Nord/Süd Straße, die ich ja schon kannte.

In Alice Springs stellte sich heraus, dass der Transport zurzeit noch unterwegs war, und erst in einigen Tagen zurück erwartet wurde. Wieder wohnte ich im Stuart Arms Hotel. Als ich nach einigen Tagen mit dem zurückgekehrten Eigentümer der Transport Firma sprach, erfuhr ich, dass es wohl noch mindestens drei Wochen dauern würde, ehe er wieder nach Norden zur Station fahren würde. Das bedeutete für mich einen teuren Zwangsurlaub. Ich entschloss mich, durch das Alice Springs Post Office über Funk anfragen zu lassen, ob die Station unter den gegebenen Umständen bereit wäre, meinen Flug zu bezahlen. Nach einigen Stunden war die Antwort da. Ich konnte mit dem Postflugzeug fliegen.

Bereits am übernächsten Tag flogen wir frühmorgens in einem kleinen einmotorigen Flugzeug, in dem außer mir noch ein Passagier saß, nach Norden. Natürlich nicht nur zu „meiner“ Station, sondern zu allen größeren Stations auf dem Wege - über 1.000 km weit. Bevor wir am späten Nachmittag zu meiner Station kamen, hatten wir bereits vier andere besucht. Während des Fluges in diesem kleinen Flugzeug konnte ich viel mehr vom

Land sehen, als vom großen Passagierflugzeug und natürlich auch als vom Bus aus.

Für Stunden sah das Land unter uns immer gleich aus - trokkene Steppe, einzelne Bäume oder Baumgruppen. Letztere markierten die ausgetrockneten Wasserläufe. Hier und da konnte ich sternförmige Spuren erkennen, die stets eine Wasserstelle zum Mittelpunkt hatten. Bei diesen Wasserstellen handelte es sich oft um Brunnen, an denen das Wasser mit Kraft eines Windrades in einen Tank mit angeschlossener Tränke gepumpt wurde. Diese Brunnen lagen weit voneinander entfernt und ich konnte die immer wieder benutzten Trampelpfade der Rinder vom Flugzeug aus gut erkennen. Von den Rindern selbst sah ich so gut wie nichts; die waren, wie ich später lernen sollte, um diese Tageszeit im Schatten der wenigen Bäume zu finden.

Ich wurde vom Buchhalter der Cattle Station, einem Engländer, in einem uralten Ford am Rollfeld empfangen. Für die ersten beiden Tage blieb ich dann auf der eigentlichen Station, bevor ich in einem Lastwagen zu einer etwa 60 km entfernten Outstation gebracht wurde, um dort mit zwei anderen Weißen und einigen australischen Eingeborenen - Aborigines - den Beruf eines Stockmans kennenzulernen.

Die Station liegt am Wickham River, einem Nebenfluss des Victoria Rivers, nach dem sie ihren Namen hat. Entlang des Flussbetts gab es eine üppige Vegetation, die sich vom sonst so trockenen Land dieser Gegend stark abhob.

Da ich noch Zeit hatte und als Einziger am Tage nicht beschäftigt war, unternahm ich kleine Erkundungswanderungen in die Umgebung.

Nicht weit von der Station war der Fluss, dessen Oberfläche zum großen Teil im Schatten weit ausladender Bäume lag. Ich fand es äußerst erfrischend, hier zu schwimmen, zumal die Lufttemperatur am Nachmittag sehr hoch war. Nachdem ich mehr als eine halbe Stunde im Fluss geschwommen hatte, ließ ich mich von der warmen Luft im Schatten eines großen Baumes trocknen.

Als ich so vor mich hinträumte, kamen zwei junge Männer der Station vorbei. Der eine rief mir zu: „In dem Wasser würde ich nicht baden“. „Und warum nicht?“ Er lachte. „Ich bade nicht gerne zusammen mit Krokodilen.“

Später bestätigte mir der Buchhalter, es gebe hier zwar keine großen Salzwasserkrokodile, aber doch viele Süßwasserkrokodile, wie weit man denen trauen könne, wüsste er auch nicht. Er jedenfalls würde es nicht darauf ankommen lassen...

DER REGENSTEIN

Wir waren auf dem Rückweg von einer entfernten Wasserstelle und wollten vor Einbruch der Dunkelheit unsere Outstation erreichen. Wir, das waren außer mir der neben mir reitende Tobacco-Jack, kurz Tobacco genannt, und zwei weitere eingeborene australische Stockmen. In Nordamerika sagt man Cowboy, in Südamerika Gaucho und in Australien heißen sie Stockman. Letztendlich sind sie alle Rinderhirten, deren Aufgabe es unter anderem ist, die Rinder zusammenzutreiben, die Neuzugänge - als Eigentum der Station - mit Brandzeichen zu versehen, die Bullen zu kastrieren, die Tiere in Trockenzeiten zu neuen Wasserplätzen zu treiben und schließlich einmal jährlich Tiere auszusondern, die zum Schlachten verkauft werden sollen.

Die Gebiete, in denen sich das alles abspielt, heißen in Australien Cattle Stations. Während die Randgebiete Australiens, hauptsächlich im Südosten und Westen, entweder für den Getreideanbau oder für die Schafzucht genutzt werden, findet man Rinderzucht überwiegend im trockenen Norden des Kontinents.

Ich war jetzt seit einigen Monaten Stockman auf einer Cattle Station im Nord Territorium, und zwar der Victoria River Downs Station, der V.R.D., die damals noch mehr als 12.000 qkm groß und damit eine der größten in Australien und wohl auch in der Welt war. Zum Vergleich: Schleswig-Holstein ist 15.000 qkm und das Saarland 2.500 qkm groß.

Wegen der geringen Niederschläge und daraus resultierender Dürre waren die Stations so riesig, um neben der Weidefläche auch ständige Wasservorräte in ausreichendem Maße sicherzustellen. Nur wer Wasser hat, kann dort Neuzugänge bei den Herden durch Brandzeichen seinem Besitz zufügen, selbst wenn sie auf dem Gebiet des Nachbarn zur Welt gekommen sind und auch dort weiden. Dies ist natürlich nur verständlich, wenn man weiß, dass die Gebiete der Stations nicht eingezäunt und die Grenzen nur dem Einheimischen anhand von Hügeln, Tälern oder durch meist trockene Bach- und Flußbette bekannt sind.

Die Rinder müssen im Allgemeinen jeden zweiten oder zumindest jeden dritten Tag Wasser haben, daher halten sich die Tiere auch in einer entsprechenden Entfernung zur gewohnten Wasserstelle auf. Tagsüber weiden sie bzw. suchen während der heißesten Stunden im Schatten der wenigen Baumgruppen oder einzelner Bäume Schutz vor der Sonne. Zum Wasser ziehen sie während der Nacht.

In besonders regenarmen Jahren trocknen auch die gewöhnlich Wasser enthaltenden Teile der Flußbette, die sogenannten Water Holes, vor den ersten Niederschlägen der neuen Regenzeit aus. Die Rinder sind aber nicht in der Lage, sich umzustellen und sich selbst neues Wasser zu suchen, sondern kommen auch weiterhin zur ausgetrockneten Wasserstelle und verenden auch letztendlich dort. Es ist daher eine der Aufgaben der Stockmen, das Austrocknen einer solchen Wasserstelle zu bemerken und, soweit möglich, die Rinder zu einer anderen Wasserstelle zu treiben. Als ich dort arbeitete, war das eine der Hauptaufgaben unserer Station.

Die Station hatte - neben zentralen Wellblech- oder Holzgebäuden mit Vorratsmagazin, Werkstätten und Häusern für vier Familien sowie einigen Junggesellenhütten - noch vier sogenannte Outstations, die in verschiedenen Richtungen zwischen 40 und 60 km von der Station entfernt lagen und mit jeweils zwei oder drei weißen Stockmen besetzt waren. Außerdem gab es auf der Station und auf jeder der Outstations eine große Anzahl eingeborener Stockmen, zum Teil mit Familien.

Die Kinder in der zentralen Station (auf den Outstations waren nur Junggesellen) wurden von der Frau des Buchhalters unterrichtet und waren außerdem der School of the Air (Schule über Radio) angeschlossen. Die medizinische Betreuung erfolgte durch den Flying Doctor Service. Krankheitssymptome, körperliche Beschwerden oder Verletzungen wurden über das Kurzwellen

Radio an Zentren in Alice Springs oder Darwin gemeldet. Von dort ergingen dann Anweisungen für die Behandlung oder der „fliegende Arzt“ erschien. Jede Station hat ihr Rufzeichen und eine zugeteilte Zeit, zu der sie regelmäßig gerufen wird. Die Kurzwelle ist auch das Kommunikationsmittel zwischen den einzelnen Stations. Eine vergleichbare Verbindung zwischen der Station und den verschiedenen Outstations gab es aber nicht. Auf den Outstations hatten wir auch keine Fahrzeuge, sondern nur unsere Pferde. Da musste man sich schon auf die gelegentlichen Besuche des Managers oder des Technikers, der für die Pumpen zuständig war, verlassen.

Bei solchen Anlässen erhielt ich dann auch meine Post, die zweimal in der Woche per Flugzeug zur Station kam. Die Versorgung, außer Fleisch, erfolgte über Land mit Lastwagen von der Eisenbahn-Endstation in Alice Springs. Der regelmäßige Transport, ein großer Sattelschleppzug, kam - mit Ausnahme der Regenzeit, die gewöhnlich irgendwann im November begann und im späten Februar oder Anfang März endete - gewöhnlich einmal im Monat und benötigte für die Strecke zwischen vier und acht Tage. Seinerzeit gab es im Nord Territorium nur eine Asphaltstraße, nämlich die von Alice Springs nach Darwin, mit einer Abzweigung ungefähr auf halbem Wege, die nach Osten, nach Queensland führte.

Alle anderen „Fahrbahnen“ unterschieden sich oftmals für den uneingeweihten Betrachter kaum von der Landschaft. Sie waren nur schon oft benutzt worden, änderten ihren Verlauf aber manchmal auch im Laufe der Zeit. Die „Fahrbahnen“ mussten aber alle die verschiedensten Flussläufe durchqueren, und solange die Flußbette trocken waren oder nur wenig Wasser führten, war das auch kein Problem. Das Problem lag schließlich auch nicht so sehr in der Wassertiefe, sondern in der Bewältigung der Uferböschung, die durch mehrmalige Versuche nass und rutschig wurde. Da kam es vor, dass ein Transport für einen oder auch für mehrere Tage aufgehalten wurde.

Das alles war in der ersten Hälfte der fünfziger Jahre so. Seither hat sich auch dort vieles verändert. Als ich über dreißig Jahre später das Nord Territorium wieder einmal besuchte, kannte keiner meiner dortigen Gesprächspartner die Zeit, von der ich hier berichte, aus persönlicher Erfahrung, sondern nur aus Erzählungen. Die Fahrbahnen waren zum Teil zu Straßen ausgebaut oder doch grundlegend verbessert worden und Stockmen auf den moderneren großen Stations reiten nicht mehr nur auf Pferden, sondern fliegen zum Teil in kleinen Helikoptern. Die Bevölkerung des Nord Territoriums hat sich inzwischen fast verzehnfacht. Letzteres merkt man hauptsächlich in den beiden Städten, Alice Springs und Darwin, die sich von überschaubaren kleinen Städtchen mit 5.000 bzw. 10.000 Einwohnern zu geschäftigen kommerziellen Zentren entwickelt haben.

Auf unserer Outstation waren, wie bereits erwähnt, außer mir noch zwei weiße und acht eingeborene Stockmen. Die Eingeborenen - australische Aborigines oder Aboriginals, wie sie auch bezeichnet werden - gehören einer Menschenrasse an, deren zivilisatorischer Abstand zu den Weißen wohl größer ist als bei den meisten eingeborenen Rassen anderer Erdteile, bedingt sicherlich durch die lange Isolation, in der die Eingeborenen in Australien gelebt haben. Man geht heute davon aus, dass die Ur-Australier vor 20.000 bis 30.000 Jahren vom asiatischen Festland über eine damals noch bestehende Landverbindung einwanderten.

Bis zum Eintreffen der Europäer vor ca. 200 Jahren hatten sie eine ihren Lebensbedingungen entsprechende Kultur entwikkelt, welche zum Beispiel die Bevölkerungsentwicklung sowohl durch die Beschränkung der gegenseitig erlaubten Heiratsgruppen wie auch durch die Auswahl der Zeugungsberechtigten steuerte. Der Rat der Alten soll in vergangenen Jahrhunderten hierbei auch den Einfluss langer Trockenperioden auf die Ernährungsmöglichkeit der Menschen berücksichtigt haben. Ihre Nahrung gewannen sie durch die Jagd, den Fischfang und das Sammeln von Wurzeln, Würmern, Eiern etc.

Bei der Beurteilung ihres aus unserer Sicht sicherlich noch sehr primitiven Lebensstandards und der Schwierigkeiten bei der Anpassung an die Erfordernisse unserer Zivilisation dürfen wir natürlich nie vergessen, wie lange unsere Evolution bis zum derzeitigen Standard gedauert hat. Und dabei hatten wir über die Jahrtausende immer Gelegenheit, mit benachbarten Völkern Erfahrungen auszutauschen, die Australier nicht.

Bestimmte Gruppen glauben an ein höheres Wesen und die meisten Aborigines an eine Traumzeit und an Traumzeitwesen, separat und losgelöst von der Jetztzeit. Sie haben ihre geheimen Zeremonien und Riten, die von Weißen kaum beobachtet werden können, nicht zu verwechseln mit den heutzutage den Touristen gezeigten Darbietungen. Ebenso besitzen sie ihre geweihten Plätze an bestimmten Wasserstellen und in Felshöhlen.

Ich erfuhr viel über die Ureinwohner von älteren Weißen, die den größten Teil ihres Lebens hier verbrachten, aber auch von alten Eingeborenen, mit denen ich täglich auf der Station zusammenkam.

Damals war es für die eingeborenen Stockmen ganz selbstverständlich, dass sie einen Teil des Jahres, außerhalb unserer Zivilisation entsprechend ihrer in Jahrhunderten überlieferten Tradition verbrachten. Sie gingen on „Walk About", d.h., sie wanderten umher. Dies war für die sonst in die Arbeitsgänge der Station integrierten Aborigines von so fundamentaler Wichtigkeit, dass ihre Arbeitgeber auch keinen Versuch machten, sie davon abzuhalten. Sie erhielten sogar gewisse Vorräte für die Zeit des Übergangs zum Stammesleben. Diese „Walk Abouts" dauerten etwa zwei oder drei Monate und fielen in die Regenzeit, während der auf den Stations die Aktivitäten sowieso auf ein Minimum beschränkt waren, das Leben der sonst kargen Natur jedoch aufwachte. Überall grünte und blühte es, man fand wieder Wasser und auch Kleintiere.

In der Zeit allerdings, von der ich berichte, hatte es seit drei Jahren nicht mehr ausreichend geregnet. Viele Wasserstellen waren ausgetrocknet. Das Land schrie förmlich nach Regen.

Auch eine der im Bereich unserer Outstation liegenden Wasserstelle war nahezu ausgetrocknet. Wir hatten jeweils Herden zwischen fünfzig und hundert Rindern an eine andere Wasserstelle gebracht, die von einer Pumpe gespeist wurde. Hier wurde auch jetzt ausreichend Wasser gefördert.

Im Vormonat hatten wir hier noch drei Wochen lang unser Branding Camp gehabt und jeden Morgen die am Wasser befindlichen Tiere auf Brandzeichen geprüft und die Neuzugänge mit dem Brandzeichen unserer Station versehen.

Wenn ich von „unserem Camp" spreche, so meine ich damit, dass ein anderer Weißer, fünf eingeborene Stockmen und ich unsere Decken am Rande eines ausgetrockneten Bachbettes auf dem Boden ausgerollt hatten. Regen war ja nicht zu befürchten. Auch die nachts zum 100 Meter entfernten Wasser ziehenden Rinder würden uns nicht belästigen. Unsere Pferde waren in einiger Entfernung angehobbelt, d.h. mit losen Schlingen um die Vorderbeine am Laufen gehindert. Außerdem hatten wir noch ein Seil um die dort spärlich vorhandenen Bäume gespannt.

Unser selbstgeschlachteter Fleischvorrat hing eingesalzen in einem Sack im Schatten eines Baumes. Alle anderen Vorräte hatten wir auf Packpferden mitgebracht. Von unserem eingeborenen Koch über dem Campfeuer gebraten, schmeckte das Fleisch einigermaßen. Er konnte auch eine Art Brot, in Asche gebacken, herstellen. Nur wurde das gebratene Salzfleisch nach einigen Wochen - gegessen mit Brot und Aprikosenmarmelade - sehr eintönig, zumal wir ja anlässlich der beiden täglichen Mahlzeiten das Gleiche aßen und Tee dazu tranken. Die Station belieferte die Out-Stations unter anderem auch mit Marmelade. Bei der letzten Lieferung hatte man uns nur Aprikosenmarmelade geschickt. Das wurde jedoch ohne Murren hingenommen.

Als ich damals nach zwei Tagen Aufenthalt auf der Station zusammen mit unserem Pumpenspezialisten in seinem Lastwagen zur Outstation Moolooloo kam, bereitete man sich dort gerade auf einen mehrwöchigen Aufenthalt am sogenannten Shoeing Tool Creek vor (dort war angeblich irgendwann in der Vergangenheit einmal ein Hufbeschlags-Werkzeug verloren gegangen, daher der komische Name). Aus diesem Grund waren vier eingeborene Stockmen seit zwei Tagen unterwegs, um Pferde für dieses Unternehmen zu finden. Da man kein Futter für Pferde in größeren Mengen vorrätig hatte, ließ man die Tiere frei, sodass sie sich selbst etwas suchen konnten. Dies hatte zur Folge, dass sie abwanderten und sich vielleicht auch irgendwo mit Wildpferden, den sogenannten Brumbies, von denen es noch viele gab, vermischten. Entsprechend zeitaufwendig konnte es dann sein, die erforderliche Anzahl an bereits einmal gerittenen Pferden zusammenzutreiben. Aber man hatte ja Zeit. Es kam nicht auf einen Tag an.

Als die Stockmen schließlich mit ungefähr 20 Pferden zurückkamen, trieb man diese zuerst in einen der in einiger Entfernung hinter unserer Hütte gelegenen Yards (im Amerikanischen als Corrals bekannt). Dann ging es an die Zuteilung, wobei ich mich ja vollkommen auf meine beiden weißen Kollegen verlassen musste. Sie waren auf dem Rücken der Pferde zu Hause. Aber natürlich traf das auch auf meine eingeborenen Kollegen zu. Ich hingegen hatte nur einmal in einem Hamburger Tattersall einige Reitübungen mitgemacht und verstand entsprechend wenig von Pferden. Ich wusste, dass man für mich ein Bay Horse vorgesehen hatte. Zu meinem Glück gehörte „bay“ (= rotbraun) auch zu den mir bekannten, aber doch ziemlich selten benutzten Wörtern. Als ich mir dann ein rotbraunes Tier einfangen wollte, wurde ich lachend darauf hingewiesen, dass man das als Packpferd benutzen wollte.

Schließlich hatte auch ich mein Pferd, hatte ihm das mir vorher auch zugeteilte Halfter übergestreift und zog dann damit hinüber zum Shoeing Shed, einem Überdachten, an zwei Seiten offenen Raum hinter unserer Hütte, in der einige Werkzeuge und ein Sack mit Einheitshufeisen lagen. Die Tiere hatten keine Hufeisen mehr, die sie in der freien Wildbahn ja auch nicht benötigten. Anders war es, wenn sie einen Reiter oder Lasten trugen und sich ihren Weg nicht selbst suchen konnten, zumal der Grund nicht überall aus weichem Sand, sondern oft auch aus Felsen bestand.

Wir bereiteten erst mal die oft sehr ausgetretenen Hufe mit der Raspel vor, wobei ich natürlich ständig nach links und nach rechts sah, um die Handgriffe zu lernen. Dann holte man sich Hufeisen, die aber nur in einer Größe vorrätig waren, und passte sie, so gut es ging, den Hufen an. Mittels eines Hammers änderte man die Breite und mit einem beilähnlichen Instrument und Hammer verkürzte man sie. Diese Hufeisen waren natürlich nicht aus hartem Stahl, sonst wäre diese Bearbeitung ohne Erhitzen gar nicht möglich gewesen.

Selbstverständlich war das Ganze sehr interessant für mich. Wer hier reiten wollte, musste sich also erst ein Pferd einfangen und es dann auch selbst beschlagen. Als es dann schließlich losging, hatte ich nur die Sorge, ob mein Pferd auch schon einmal eingeritten worden war. Aber es ging alles ganz gut. Wenn ich damals auf diesen Pferden einigermaßen klarkam, so lag das sicherlich nicht an meiner Reitkunst, sondern einzig und allein daran, dass ich zu der Zeit noch sowohl sportlich als auch mutig genug war, um damit fertig zu werden.

Wir hatten inzwischen den größten Teil der Strecke zu unserer Outstation zurückgelegt, als der neben mir reitende Tobacco mich fragte: „You see dem big clouds ober dere, Gerald?“

Ja, ich konnte die Wolken auch sehen und fragte zurück: „You think there might be rain coming?“

Tobacco wollte sich zwar nicht festlegen, meinte aber, dass es nach einem Sandsturm aussehe und dass ein mit Regen beladenes Frontensystem gewöhnlich auch einen Sandsturm vor sich hertreibe. So drückte er sich zwar nicht aus, sagte aber doch so etwas Ähnliches in seinem sympathischen Eingeborenen-Englisch.

Tobacco Jack war übrigens sein White Fellow Name, neben dem er natürlich noch seinen eigentlichen, den Black-Fellow-Namen hatte, der ihm von den Alten des Stammes gegeben worden war. Ich hatte mir seinen Eingeborenen-Namen zwar auch von ihm sagen lassen, habe ihn aber leider genau so schnell wieder vergessen, weil er schwer auszusprechen und noch schwerer zu behalten war. Alle mit Weißen lebenden oder arbeitenden Eingeborenen hatten neben ihren für unsere Ohren im allgemeinen schwierigen Namen von den Weißen einen zweiten Namen bekommen oder hatten ihn sich in vielen Fällen auch selbst gewählt. Populär waren Namen wie zum Beispiel Captain, von denen ich gleich mehrere kannte, oder Namen die sich auf irgendwelche Besonderheiten ihres Trägers beziehen, wie Tobacco Jack.

Tobacco hatte mir früher schon vom Regenstein erzählt, den sein Stamm ursprünglich besessen hatte, der jetzt aber bereits seit Langem verloren gegangen war. Die Alten waren angeblich noch auf der Suche, um ihn wiederzufinden. Mit dem Regenstein kann sein Besitzer Regen erbitten. Die jetzt schon seit Jahren anhaltende Trockenheit war - nach Tobacco - also eine direkte Folge des Verlustes.

Wir ritten jetzt durch eine Gegend, die wie ein riesiger Friedhof mit übergroßen Grabsteinen aussah. Bis zu drei Meter hohe White Ant Hills (Termitenhügel) bedeckten das Land, so weit man sehen konnte. Sie waren in Abständen zwischen zwanzig und fünfzig Metern auf einem Gelände von mehreren Quadratkilometern verstreut. Für uns war dies aber das Zeichen, dass wir bald zu Hause waren.

Es war später Nachmittag, als wir auf unserer Outstation eintrafen. Die Wolken am Horizont hatten sich inzwischen zu einer dunklen, gelbgrauen Wand verwandelt. Sturm kam auf. Dann sahen wir die Staubwand, feiner Sand, der über viele Kilometer vor dem Wind hergetrieben wurde. Für einige Minuten waren wir mitten drin, dann fing es an zu regnen. Zuerst nur in einzelnen großen Tropfen, dann in Sturzbächen. Wir liefen aus der Hütte heraus und tanzten im Regen wie kleine Kinder, bis wir völlig durchnässt zurückgingen, um trockene Sachen anzuziehen.

Unsere Hütte - eine offene Holzkonstruktion - bestand aus einem Mittelteil mit Vorratsraum, Küche und einem kleinen Raum, in dem wir unsere Mahlzeiten einnahmen. Dieser von Moskitonetzen geschützte Mittelteil war umgeben von offenen Veranden, in denen wir schliefen - wenn wir uns mal dort befanden. Jeder hatte ein Feldbett und einen Strohsack. Die meisten der Stockmen trugen ihr Bett dann aber nach draußen unter den freien Himmel.

Die Eingeborenen hatten Blechhütten, ähnlich unseren Junggesellenhütten in der Station, die sie aber auch so gut wie nie benutzten. Ich war der einzige Außenseiter, dem das Schlafen unter dem Dach gar nichts ausmachte.

Am nächsten Morgen hatte der Regen aufgehört, wohl aber den Beginn der diesjährigen Regenzeit angekündigt. Das hieß, dass unsere Outstation für die nächsten drei Monate durch wasserführende Flüsse vollkommen von der Außenwelt abgeschnitten sein würde. Im Verlauf des Vormittags kam, für uns unerwartet, der monatliche Transport auf seiner letzten Fahrt zur Station. An die vor uns liegende Regenzeit denkend, in der auch ich dort festsitzen würde, entschloss ich mich plötzlich, die Outstation mit dem Transport in Richtung Station zu verlassen. Der Fahrer war bereit, mich mitzunehmen. Dringende Arbeiten standen meiner Abfahrt auch nicht im Wege.

Zum vorläufig letzten Mal näherte ich mich unserer Station. Aus der Weite des Landes kamen wir zu den riesigen eingezäunten inneren Weiden, auf denen die zum Verkauf ausgesonderten Rinder jährlich zusammengefasst wurden, um von hier zu den Schlachthöfen getrieben zu werden.

Früher gab es das kleine und das große Treiben, entweder nach Wyndham an der Timor See (ca. 500 km) oder nach Queensland an die Pazifik-Küste (ca. 1.500 km). Diese Treiben, die von Spezialisten, den sogenannten Drovers mit ihren Teams durchgeführt wurden, bewegten sich notwendigerweise langsam von Wasserstelle zu Wasserstelle, die jeweils zwischen etwa 10 bis 20 km voneinander entfernt lagen. Das große Treiben, welches einige Monate dauerte, gab es schon zu meiner Zeit nicht mehr. Heute, vierzig Jahre später, werden die Rinder in großen Transportern, den sogenannten Road Trains, zu den Schlachthöfen gebracht.

In der Station angekommen, sprach ich mit dem Manager und bat dann den Buchhalter, mich auszuzahlen. Auch wurde veranlasst, dass ich mit dem nächsten Postflugzeug nach Alice Springs fliegen konnte. Am Ende der Woche befand ich mich bereits im Zug von Alice Springs nach Port Augusta am Spencer Gulf, wo ich zwei Tage später den Zug nach Adelaide erreichen wollte.

1954
als unternehmungslustiger
Einwanderer in
Nord-Australien.

Rechts als Bergmann

und unten als Rinderhirte

Oben: Das Linke war 1954 für einige Wochen mein etwas gewöhnungsbedürftiges „Bett“ in unserem „Branding Camp“ (ohne Unterlage, nur die Zeltplane und eine dünne Wolldecke, meine Stiefel (ganz links) benutzte ich als Kopfkissen. Aber es war warm und ich noch jung.
Unten: Das war 1955. Jetzt fliegen wir wieder. Oskar und ich üben auf der englischen Tiger Moth.

Ende der Fünfziger Jahre waren Ingrid und ich auch in den Augen der Öffentlichkeit.

Im Rahmen der Vorschau des Films „Einer kam durch“ mit Hardy Krüger, bei dem es um die Ausbrüche des Piloten Franz von Werra aus der Kriegsgefangenschaft ging, war ich (ehemaliger Pilot und Kriegsgefangener) „als Vertreter der deutschen Seite“ eingeladen.

Die Medien (damals nur Radio und Presse, noch kein TV) nahmen das zum Anlass, mich zu interviewen. So konnte ich mich in der auch in Südaustralien ausgestrahlte Sendung am Abend selbst hören und fand mich am Folgetag mit Bildern, Interviewtexten und Kommentaren in den führenden Tageszeitungen.

Ingrid war gebeten worden, für eines der großen Kaufhäuser für Werbeaufnahmen zur Verfügung zu stehen. Man sah sie daraufhin eine Zeit lang mehrmals in der Woche bei Werbungen für die verschiedensten Produkte in der Tagespresse.

MILLINERY!
30 only! Models
60/-

Emporium
BACK into your purse!
US HOOVER HOME
IS YOURS FOR
POSIT!

AUSTRALISCHE STAATSBÜRGER

Bevor ich endgültig nach Adelaide kam, verbrachte ich aber noch einige Monate auf der Farm - mit zum Teil Schwerstarbeit.

So war ich einen Tag lang für das Heranschleppen von Schafen für mehrere Scherer verantwortlich. Das war am Anfang eine Kleinigkeit, wurde nach einigen Hundert Tieren jedoch zum „Ringkampf". Sie mussten von den Beinen geschwenkt, auf das Hinterteil gesetzt und dann zum Scherer getragen bzw. geschleift werden. Da die Schafe zu diesem Zeitpunkt nur um das Hinterteil herum geschoren und desinfiziert wurden, hatte ich die ganze Zeit voll zu tun, um schnell genug für Nachschub zu sorgen. Auch das Tragen von Weizensäcken, die ja etwa einen Doppelzentner wiegen, das Anderthalbfache meines eigenen Gewichts, war für mich nicht die richtige Arbeit. Zudem war die Unterbringung erbärmlich.

Ganz plötzlich hatte ich genug von dieser Art des Lebens. Ich fuhr nach Adelaide, um die bereits zu Weihnachten besprochenen Pläne mit meinem neuen Freund Oskar zu verwirklichen.

In Adelaide wandte ich mich vertrauensvoll an den mir bekannten Manager des Arbeitsamtes. - Aber so einfach war's nicht. Beim Arbeitsamt hatten sie nur eine Stelle, die in Frage kam, als Lagerist. Als ich mich dort vorstellen wollte, hatte man bereits jemanden gefunden. Jetzt war ich ja der Gastarbeiter, der zum ersten Mal „nach Höherem" strebte. Draußen auf dem Lande war ich auf der Arbeitssuche fast nur Einwanderern begegnet, weil der normale Großstadt-Australier nie auf die Idee kommen würde, dort hinzugehen. Jetzt in der Stadt - Adelaide hatte damals etwa 600.000 und in den achtziger Jahren etwa eine Million Einwohner - war alles anders.

In der Tageszeitung las ich, dass Singer Sewing Machine Coy. einen Buchhalter suchten. Das wäre doch genau das Richtige für mich, dachte ich. Buchführung hatte ich ja bereits in der Handelsschule und auf der Reichsfinanzschule in Herrsching gelernt. Das sollte doch wohl genügen, oder? Mit der Zeitung in der Hand machte ich mich also auf, um meine Dienste dort anzubieten. Es gab noch drei weitere Bewerber, die aus dem Felde zu schlagen waren, alles keine „Gastarbeiter“...

Doch der Manager meinte, dass ich gerade der passende Mann sei. Nachdem dann auch noch der General Manager aus Melbourne mit mir gesprochen und mir mitgeteilt hatte, dass vom Bewerber erwartet würde, die Unterlagen und das Berichtswesen für 12 Geschäfte in einem Büro für den Staat Südaustralien zusammenzufassen - und das in den nächsten drei Monaten -, hatte ich eine Anstellung.

Ich machte mich also auf und kaufte mir ein kleines Buch über Buchführung u.ä., um mich an neue Namen und Ausdrücke zu gewöhnen. Ich musste mich damals an die elementaren kaufmännischen Begriffe in Englisch erst herantasten. Was für mich allerdings in den ersten Wochen das größte Problem darstellte, war das Lesen von Ziffern.

Da saß ich nun also nach mehr als einjähriger Arbeitszeit im Innern des Landes wieder mit Oberhemd und Krawatte im ersten Stock eines alten, nicht klimatisierten Gebäudes in der Großstadt, während die Temperatur draußen für mehr als eine Woche täglich über die 40 Grad-Marke kletterte. Oft saß ich noch abends im Büro und prüfte die Additionen des großen Kassenbuches mit Hilfe einer Rechenmaschine. Wenn ich beim Nachrechnen eine neue Summe erhielt - und das kam damals leider sehr oft vor - musste ich Tippstreifen nach Tippstreifen vergleichen und abhaken. Das Problem lag bei den Ziffern 1 und 7. Im Englischen ist die Eins ein ungefähr senkrechter Strich. Wenn dieser Strich nun auch noch einen Aufstrich hat, mag er noch so klein oder so groß sein, so ist das eine Sieben. Da auf jeder Seite - in jeder der vielen Spalten mit jeweils wieder 20 oder 30 Zahlen - die Ziffer Sieben häufig vorkam und ich anfangs beim schnellen Addieren die meisten davon, wie gewohnt als Eins las, musste das Ergebnis natürlich falsch sein. Es erforderte große Konzentration, bei einigen Hundert Zahlen keine Sieben für eine Eins zu lesen.

Dieses Problem überschnitt sich mit meiner ebenfalls nicht einfachen Anpassung an die ständige berufliche Benutzung von Pfund-, Schilling- und Pence-Rechnungen. Es war natürlich ein Unterschied, ob man die notwendigen kleinen privaten monetären Überlegungen anstellte oder von morgens bis abends mit erheblichen Größen jonglieren musste. Die ersten zehn Jahre meiner Bürotätigkeit im Ausland fielen ja noch in die Zeit der alten Währung. Selbstverständlich konnte ich nachher gut in diesen Einheiten rechnen und kannte auch sämtliche Tricks, sie zum Beispiel für das Prozentrechnen schnell in Dezimalzahlen und auch zurück umzurechnen. Ich will hier nur erzählen, dass meine Schwierigkeiten unerwarteterweise auf einer Ebene lagen, an die ich gar nicht gedacht hatte.

Das Zentralbüro wurde dann, wie geplant, eingerichtet. Ich hatte jetzt fünf junge Damen, die für mich arbeiteten und mich in die Lage versetzten, wöchentliche Berichte unserer Umsätze, Kosten und Bestände nach Melbourne zu senden.

Es war für mich eine lehrreiche Zeit und wurde die Basis für mein ganzes späteres Berufsleben in der Privatwirtschaft. Die Arbeit hat mir damals und in den Jahrzehnten danach stets Spaß gemacht - im Unterschied zum Öffentlichen Dienst war man zwar nie so vollkommen abgesichert, man konnte sich aber doch stets neuen Herausforderungen stellen.

Im Oktober 1955 heiratete ich meine Ingrid, die mit ihrem Bruder auch aus Deutschland für zwei Jahre nach Australien gekommen war und jetzt in der Kreditabteilung eines der großen Kaufhäuser in Adelaide arbeitete. Zuvor hatte ich meine Auserwählte noch dadurch beeindruckt, dass ich sie mit zu Adelaides Flugplatz nahm, wo mein Freund Oskar und ich beim Royal Aeroclub die englische Tiger Moth fliegen gelernt hatten. Und das gab dann ja wohl den Ausschlag. Wie auch immer, ich hörte danach jedenfalls auf zu fliegen, weil Fliegen und Heiraten finanziell einfach zu viel für mich waren.

Nachdem wir uns acht Wochen kannten, gingen wir während unserer Mittagspause zum Standesamt und luden abends ein paar Freunde zu einer kleinen Feier ein. Ein Jahr später holten wir die kirchliche Trauung nach.

Wir fanden ein möbliertes Zimmer in einem Haus, in dem, ebenfalls in möblierten Zimmern, alle unsere späteren Freunde wohnten. Zwei waren dabei zu studieren, weil ihre europäischen Qualifikationen in Australien nicht anerkannt wurden. Beide waren später Fachärzte, nachdem sie auch weiterführende Studien in London hinter sich gebracht hatten. Damals waren wir jedoch alle noch am Anfang. Auch ich bemühte mich um eine australische Qualifikation und begann 1956 ein Fernstudium in Accountancy (Betriebswirtschaft).

Um eine spätere Anerkennung durch die Australian Society of Accountants (eine der beiden australischen Wirtschaftsprüferkammern) sicherzustellen, musste ich als Erstes meine Qualifikation für die Zulassung zum Studium nachweisen. Zu meinem Glück brauchte ich kein Abiturzeugnis vorlegen, sondern musste in einigen Sonderprüfungen meinen äquivalenten Bildungsstand beweisen. Wieder ein Essay, aber auch ein langes Diktat eines komplizierten Vertragstextes, Tests in Logik und sehr viel Rechnen. Ich bestand die Prüfungen, wurde zugelassen und meldete mich in den folgenden Jahren für Prüfungen in jeweils gleichzeitig mehreren Fächern an. Die mussten bei der Wirtschaftsprüferkammer abgelegt werden, wobei die Durchfallquote bei über 50% lag.

Ungefähr vier Jahre lernte ich jeden Abend bis nach Mitternacht, nur kurz unterbrochen, wenn Ingrid zum Essen rief. Wir waren inzwischen umgezogen und hatten jetzt 2 Zimmer und Küche.

Ich bestand sämtliche Prüfungen, zwei davon als Bester in unserem Bundesstaat, und wurde 1960 als Associate in die Society of Accountants aufgenommen. Jahre später, 1965, als ich von Südafrika wieder nach Adelaide zurückgekommen war, traf ich einen der mit mir angefangen hatte und der mir stolz erzählte, dass er jetzt nur noch ein Prüfungsfach vor sich habe. Die Durchschnittszeit für das Fernstudium lag bei fünf bis sieben Jahren. So war ich verständlicherweise ganz zufrieden.

Da ich mich so an Prüfungen gewöhnt hatte, holte ich mir auch noch eine weitere Qualifikation. Nach Bestehen auch dieser Prüfungen wurde ich vom Gouverneur bevollmächtigt, Urkunden über Umschreibungen, Hypotheken und andere Immobilien-Belastungen zu entwerfen, zu beglaubigen und Eintragungen und Löschungen im Grundbuch vornehmen zu lassen.

Um auch diese Qualifikation zu erlangen, musste man allerdings Staatsbürger sein. Aus diesem Grund ließen wir uns 1959 naturalisieren und wurden Australier. Leider verloren wir dadurch automatisch unsere deutsche Staatsbürgerschaft. Eine doppelte Staatsbürgerschaft war damals nicht möglich.

Inzwischen hatte ich Singers verlassen, war bei einer der großen amerikanischen Ölgesellschaften durch sämtliche Sparten der Ölhafenverwaltung gegangen - dort sogar für ein halbes Jahr für die Abfertigung von Tankern in den beiden südaustralischen Häfen zuständig gewesen - und wechselte dann zu einer Immobiliengesellschaft, um die zu Grundbucheintragungen führenden Verträge zu bearbeiten. Da mir das Arbeiten im Immobilienwesen dann aber doch nicht zusagte, nutzte ich eine wirtschaftliche Flaute, um zu kündigen und mit Ingrid den lange versprochenen Europaurlaub anzutreten.

Wir verkauften das erst ein Jahr vorher erstandene Haus wieder, lagerten unsere Möbel ein und bereiteten uns auf einen mehrmonatigen Urlaub vor.

NACH EUROPA

Anfang August 1962 fuhren wir mit der damals für die HAPAG gerade neu in Dienst gestellten „Nürnberg" auf der Rückreise des Schiffes nach Europa, von Adelaide bis London mit. Das war unsere erste Fahrt auf einem Frachtschiff, die uns aber so gut gefiel, dass wir uns vornahmen, bei zukünftigen Seereisen nur Frachtschiffe zu benutzen.

Das Leben auf solch einem Schiff ist natürlich viel ruhiger als auf einem Passagierdampfer - manche meinen ja, auch langweiliger. Das kommt aber immer auf einen selbst und zu einem gewissen Grad auf die Mitreisenden an. Die Anzahl der Passagiere ist auf 10 bis 12 beschränkt und das Unterhaltungsangebot besteht - im Gegensatz zum lautstarken Vergnügungsbetrieb auf „Luxus-Linern" - aus der Gelegenheit, Shuffle-Board zu spielen, in Sonnenstühlen an Deck zu liegen und vom limitierten Bestand der Bordbücherei Gebrauch zu machen.

Die eindeutigen Vorteile liegen bei der Unterbringung und beim Service. Die wenigen Passagierkabinen liegen direkt unter dem Brückendeck; und da die meisten Frachtschiffe ihre Aufbauten mittschiffs, mit Ladeluken vorn und achtern haben, sind die Passagiere bei Seegang im angenehmsten Teil des Schiffes und stets in Außenkabinen untergebracht. Die Kabinen sind außerdem meistens sehr geräumig, natürlich mit eigenem Bad, aber auch mit großen Fenstern und nicht nur mit Bullaugen. Gespeist wird immer mit dem Kapitän, der es sich auch nicht nehmen lässt, bei besonderen Anlässen (mit Ausnahme des An- und Ablegens) interessierte Passagiere zu sich auf die Brücke zu bitten. Bei 10 Passagieren ist vieles möglich, was bei hunderten undenkbar wäre.

Nach dem Verlassen von Port Adelaide verlebten wir eine recht stürmische Nacht in der Great Australian Bight, der großen Bucht am Bauche des australischen Kontinents, die für raue Überquerungen bekannt ist. Nach einem kurzen Aufenthalt in

Bunbury kamen wir am vierten Tag in Fremantle, dem Hafen-Vorort von Perth an. Fremantle ist jedem alten Australienfahrer wohlbekannt, es ist der australische Hafen, in dem die von Europa kommenden Schiffe stets zuerst anlegen und von dem auf der Heimreise Australien endgültig verlassen wird. Ich sage hier bewusst „alten Australienfahrer", weil heute ja kaum ein Reisender Australien von Europa kommend auf dem Seeweg erreicht.

Der Kapitän lud Ingrid und mich zu einer Fahrt nach dem etwa 15 km entfernten Perth ein. Perth, Hauptstadt des Bundesstaates Westaustralien, liegt am Swan River und ist bekannt für seine schöne Lage; vom Queens Park hat man die schönste Aussicht über die Stadt, die wir auch dieses Mal genossen.

Abends um 8 Uhr liefen wir wieder aus.

Am nächsten Morgen waren wir auf unserem Kurs in Richtung Aden bereits weit vom australischen Festland entfernt. Es dauerte dann noch 11 Tage, bis wir unsere Augen anstrengten, um die Somaliküste, das Horn von Afrika, zu erspähen.

In Aden legten wir zum Bunkern an. Das hieß, dass wir Passagiere Zeit hatten, an Land zu gehen. Aden war damals, zur Zeit der Seereisen, das, was heute für die Flugpassagiere Hongkong und Singapur sind - ein zollfreies Einkaufsparadies. Ein dort erstandenes Fernglas wurde mir zwar schon zwei Jahre später in Südafrika gestohlen, aber mein damals außerordentlich günstig eingekauftes Transistorradio spielt heute, mehr als dreißig Jahre später, noch so gut wie am ersten Tag.

Dann das Rote Meer. Hier erlebten wir, neben der zu erwartenden Hitze, auch ein ungewöhnliches Gewitter. Über den Himmel zuckende Blitze liefen nicht, wie bei uns, senkrecht zur Erde, sondern waagerecht über viele Kilometer. Ein Blitz jagte dabei den anderen, so sah es jedenfalls aus.

In Suez, dem nördlichen Ende des Roten Meeres, beginnt bzw. endet der nach zehnjähriger Bauzeit 1869 eröffnete Suezkanal, der das Mittelmeer mit dem Roten Meer verbindet. Der 170 km lange Kanal ist für die meisten Schiffe befahrbar, mit Ausnahme der modernen Supertanker. Er ist jedoch nicht breit genug, um Gegenverkehr zu erlauben. Aus diesem Grund werden täglich für beide Richtungen Konvois zusammengestellt, die jeweils morgens um 6 Uhr Port Said im Norden und Suez im Süden verlassen. Die beiden Konvois treffen sich im Großen Bitter See und fahren dort aneinander vorbei. Um in einem Konvoi mitzufahren, muss das Schiff sich etwa sechs Stunden vorher - also um Mitternacht - bei der Hafenbehörde in Port Said bzw. Suez angemeldet haben. Aus diesem Grund versuchen die Schiffsführungen, möglichst spät abends am Ausgangspunkt einzutreffen, um so teure Wartezeit zu vermeiden. Zur großen Genugtuung der Passagiere klappte das bei uns nicht. So hatten wir also einen vollen Tag für eine Fahrt nach Kairo zur Verfügung.

Zur verabredeten Zeit wurden wir - sieben Passagiere und ein Steward, der sich uns anschloss - von einer Barkasse in Suez an Land gebracht, wo schon zwei Taxen auf uns warteten.

In Kairo besichtigten wir als Erstes die große Mehemed Ali (oder auch Alabaster-) Moschee, von deren Terrasse aus wir einen herrlichen Blick über die Stadt hatten. Die Moschee liegt direkt neben der ehemaligen Zitadelle, deren Palast aber bereits im letzten Jahrhundert durch eine Pulverexplosion zerstört worden war. Der sogenannte Josephsbrunnen - vor den Befestigungen neben der Moschee - wurde angeblich zu Zeiten der Pharaonen in den Felsen gesprengt. Von hier fuhren wir zu den berühmten Gizeh-Pyramiden.

Im Anblick der Pyramiden verließen wir die Autos und bedienten uns der für die Touristen bereitstehenden Kamele oder richtiger: Dromedare. Ein arabischer Kameltreiber beugte sich zu mir und meinte, auf Ingrid deutend: „I look after her, you look after me“, womit er seiner Erwartung hinsichtlich des von mir zu zahlenden Bakschischs (Trinkgeld) Ausdruck gab.

Der Ritt auf den schwankenden „Schiffen der Wüste“ dauerte nur vielleicht zwanzig Minuten. Er endete an einer vormarkierten Stelle, an der so Aufstellung genommen wurde, dass wir alle nebeneinander hoch zu Dromedar mit Sphinx und Cheops-Pyramide im Hintergrund vom bereits wartenden Fotografen im Bild festgehalten werden konnten. Vorher hatten wir noch arabische Kopfbedeckungen aufgesetzt, was auf den Fotos einen ziemlich lustigen Eindruck machte.

Danach hatten die Dromedare auch schon ihre Schuldigkeit getan und gingen nach entsprechenden Zurufen und Zerren ihrer Treiber willig in die Knie, um uns wieder loszuwerden. Nach Zahlung eines reichlichen, von den Treibern natürlich als viel zu niedrig angesehenen Trinkgelds gingen wir dann zu Fuß um den Sphinx herum zur Cheops-Pyramide. Das Angebot eines jungen Arabers, gegen eine Bezahlung von 5 Pfund für uns nach oben auf die Spitze der Pyramide zu klettern, nahmen wir nicht an, sondern kletterten selbst zum Eingang zu den Grabkammern in etwa 10 Meter Höhe hinauf. Der dort beginnende Gang ist sehr eng, die Luft war heiß und stickig. Einige uns entgegendrängende Touristen - blass und verschwitzt - beschworen uns, draußen zu bleiben. Sie hatten viel Zeit im Inneren der Pyramide zugebracht, ohne aber in dem dort herrschenden Gedränge zu einer Grabkammer vorgedrungen zu sein. Da die uns zur Verfügung stehende Zeit nicht reichlich bemessen war, verzichteten wir auf den Einstieg und wanderten statt dessen zurück zu den wartenden Taxis, die uns zum Mittagessen in ein großes Restaurant an der Straße brachten.

Nach dem Mittagessen fuhren wir zum Ägyptischen Museum in die Stadt zurück und hatten dort Gelegenheit die bedeutendsten Schätze der ägyptischen Vorzeit - des alten Ägyptens der Pharaonen - zu sehen. Dann machten wir eine Fahrt durch die älteren Teile der Stadt, aßen in einem romantischen Lokal in der Altstadt zu Abend und suchten anschließend noch einen arabischen Nachtklub auf. Hier gab es billigen Fusel für teures Geld in Tassen, während auf der kleinen Bühne Bauchtanz gezeigt wurde. Das Lokal war groß und ziemlich voll, fast ausschließlich Einheimische, von denen viele aus Wasserpfeifen rauchten. Ich weiß nicht, ob es die Atmosphäre, das Getränk oder die vielen Eindrücke des Tages waren, vielleicht kam auch alles zusammen, jedenfalls wurde ich so müde, dass mir die Augen fast zufielen.

Als wir nach Mitternacht durch die Wüste wieder zurück nach Suez fuhren, schlief ich jedenfalls fest. Am Kai revoltierte dann mein Magen. Wie ich am nächsten Tag hörte, erreichte ich unser Schiff kreidebleich, mehr tot als lebendig, und nahm auch entsprechend wenig von der in den frühen Morgenstunden beginnenden Fahrt durch den Kanal wahr.

Auf unserer anschließenden Fahrt durch das Mittelmeer sah ich zum ersten Mal fliegende Fische, von denen ich in den Segelschiff-Romanen meiner Kindheit so oft gelesen hatte. Sie hatten die Größe eines kleinen Herings und flogen tatsächlich, d.h. sie lösten sich aus den Wellenkämmen, konnten an Höhe gewinnen, und flogen wohl fast 100 Meter. Ich wusste, dass sie, ähnlich wie zum Beispiel Delfine, durch den schnellen Gebrauch der Schwanzflosse ihre Bahn im Wasser so beschleunigen, dass ihre Brustflossen beim Verlassen des Wassers einen Gleitflug ermöglichen. Dass das aber wie ein richtiger Flug aussehen würde, hatte ich nicht erwartet.

Nach vier Wochen Fahrt und weiteren eintägigen Zwischenaufenthalten in Bordeaux, Antwerpen und Rotterdam trafen wir in London ein, wo wir das Schiff verließen.

In London besuchten wir als Erstes Freunde aus Adelaide, die bereits seit über einem Jahr dort waren.

Nachdem wir uns die Stadt angesehen hatten, machten wir in einem Mietwagen eine Reise durch das West-Country und natürlich auch in die Cotswolds und die Gegend um Birmingham. Neben Stratford on Avon, wo Ingrid sich die Shakespeare-Stätten und die berühmte Cottage der Anne Hathaway (Frau Shakespeare) ansehen wollte, hatte ich hier dann auch Gelegenheit, ihr die Stätten meiner Kriegsgefangenschaft zu zeigen.

UM DAS KAP DER GUTEN HOFFNUNG

Wir hatten die letzten vier Monate des Jahres 1962 in Europa Urlaub gemacht. Nach zwei Wochen in England waren wir nach Hamburg gekommen. Dort hatte ich mir ein gebrauchtes Auto gekauft, mit dem wir dann eine Tour durch Deutschland und die Nachbarregionen im Süden machten. Wir stellten im Dezember aber fest, dass uns der europäische Winter doch nicht so gut gefiel. Je kälter es wurde, desto sehnlicher dachten wir an die nächste Überquerung des Äquators.

Im November besuchten wir einen Freund, der uns von einer Geschäftsreise nach Südafrika erzählte. Er wusste von einer Reihe positiver Aspekte bezüglich des Lebens in diesem Land so interessant zu berichten, dass wir beschlossen, anstatt direkt nach Australien zurückzufahren, uns ein paar Jahre in Südafrika umzusehen. Als ich mich beim Konsulat in Hamburg erkundigte, war man auch bereit, uns einreisen zu lassen. Ingrid und ich waren ja australische Staatsbürger. Der uns beratende Vizekonsul riet uns, von den zur Wahl stehenden Zentren Durban zu wählen, weil man dort überwiegend englisch spricht.

Bereits im Januar 1963 fuhren wir an Bord der „Ommenkirk“, einem Frachtschiff der Holland-Afrika-Linie, in Amsterdam ab in Richtung Afrika. Die sich kurzfristig bietende Möglichkeit, eine Passage nach Durban zu bekommen, hatten wir nach unseren guten Erfahrungen auf der Nürnberg sofort genutzt und sollten es auch nicht bereuen. Außer uns waren ein amerikanisches, ein holländisches und ein englisches Ehepaar sowie zwei allein reisende Damen aus England an Bord.

Es war ja eine sehr interessante Zeit, diese Zeit der Ozeanreisen, die eigentlich so richtig erst in der zweiten Hälfte des letzten Jahrhunderts anfing, aber auch bereits in der Mitte unseres Jahrhunderts endete. Anfangs standen viele dieser Reisen in Verbindung mit der Blüte der Kolonialzeit, besonders der Britischen.

Unsere damaligen Reisen auf Frachtschiffen gehörten noch mehr der alten, als der neuen Zeit an. Man benötigte drei oder vier Wochen, um den Fernen Osten zu erreichen, und man hatte Zeit. Touristen im heutigen Sinne kannte man auf diesen Routen kaum, anders als auf den viel kürzeren Strecken über den Nordatlantik. Kreuzfahrten sollen heute wohl wieder das Gefühl der Seereisen von früher vermitteln, die Unterschiede sind aber doch beträchtlich.

Wir waren fast zwei Wochen unterwegs, als wir die Südspitze Afrikas vor uns hatten und am frühen Nachmittag die markanten Konturen des weltbekannten Tafelbergs in der Ferne sichteten.

Der 1.000 Meter hohe Tafelberg ist knapp fünf Kilometer vom Hafenbecken entfernt; die Stadt Kapstadt mit ihren Vororten zieht sich um den Tafelberg und den Devil's Peak herum nach Südosten. Wir sahen den Tafelberg südlich von uns - waren also noch gar nicht an der südlichsten Spitze Afrikas, denn das eigentliche Kap der Guten Hoffnung liegt am Ende einer Landzunge (Cape Point), 30 km südlich von Kapstadt. Doch auch das Kap der Guten Hoffnung ist eigentlich noch nicht der südlichste Punkt des Kontinents, der liegt vielmehr etwa 150 km östlich und heißt Kap Agulhas.

Jedenfalls waren wir jetzt erstmal in Kapstadt und freuten uns auf den Landgang, denn die „Ommenkirk“ sollte dort zweieinhalb Tage liegen bleiben.

Am ersten Tag schlenderten Ingrid und ich durch das Geschäftsviertel der Stadt, rings um die Adderley Street, und nahmen dann ein Taxi zur Gondelbahn, die auf den Tafelberg führt. Von oben hatten wir einen herrlichen Blick über die Stadt und das Meer, wir konnten sogar unser Schiff im Hafen erkennen.

Am nächsten Tag fuhren wir mit einigen unserer Passagiere im Mietwagen zum Kap der Guten Hoffnung, anschließend über Somerset West nach Groot Constantia und dann zurück nach Kapstadt.

Am dritten Tag legte die „Ommenkirk“ wieder ab. Wir konnten vormittags noch den Tafelberg „mit Tischtuch“ sehen. Die Platte war von weißen Wolken umgeben, dies vermittelt die Illusion, dass die Bergplatte mit einem Tischtuch bedeckt war. Auf dem weiteren Weg nach Durban legten wir noch in Port Elizabeth und in East London an.

Das Land Südafrika gefiel uns ganz gut - abgesehen von den Rassenproblemen, denen man kaum aus dem Wege gehen konnte. Es fiel uns damals sehr schwer, die Gesamtproblematik objektiv zu beurteilen - wer konnte das als Fremder schon? Wohl hatte ich einmal die Gelegenheit, mich privat mit einem Mitglied der Progressiv Party (das war die kleine Anti-Apartheit-Partei der Frau Sussman) zu unterhalten, aber wenngleich wir in den Prinzipien übereinstimmten, konnte auch er sich damals keine einfache Lösung der komplizierten Problematik vorstellen. Der inzwischen erreichte Stand war jedenfalls zu der Zeit noch nicht vorstellbar. Aber wir hatten es ja damals relativ einfach, wir konnten das Land wieder verlassen...

Erst einmal bezogen wir jetzt jedoch im „London House“ in der West Street, im Herzen von Durban, Quartier. Ich fand bereits kurze Zeit nach unserer Ankunft eine recht gute Stelle als Prüfungsleiter bei einer der führenden Wirtschaftsprüfungsgesellschaften Südafrikas in ihrer Durbaner Niederlassung. Auch Ingrid entschloss sich, vorläufig noch berufstätig zu bleiben, und bekam eine Anstellung im Kreditbüro bei John Orr, einer der großen Kaufhausketten des Landes. Da wir beide in der City, in unmittelbarer Nähe unserer kleinen Wohnung, arbeiteten, benötigten wir auch kein Auto.

In Durban war es eigentlich immer warm und sonnig, mit wenig oder leichtem Wind, bei Temperaturen zwischen 25 Grad und 30 Grad und einer Luftfeuchtigkeit von über 90%. Das änderte sich auch zwischen den Jahreszeiten nicht viel. Im Sommer wurde es etwas wärmer, im Winter regnete es etwas mehr. Die Provinz Natal, deren Hauptstadt Durban ist, wird als südafrikanische Gartenprovinz bezeichnet und ist auch das Winterferiengebiet für Leute aus den höher gelegenen und damit kühleren Regionen in Transvaal und dem Orange Free State.

An das Leben in dieser ständig feuchtwarmen Luft mussten wir uns erst gewöhnen, wir waren von Adelaide ja ein eher trokkenes Klima gewöhnt. Der übliche vollständige Anzug mit Oberhemd und Krawatte war in diesem tropischen Klima oftmals recht lästig. Die Büroräume der meisten Firmen waren allerdings klimatisiert, oft jedoch so kühl, dass wir die Austrittsöffnungen mit Pappe zu schließen versuchten.

An den Wochenenden, an denen wir viele Spaziergänge machten, an Bustouren teilnahmen oder uns an den mit Netzen gesicherten Badestränden der Stadt in den Wellen des Indischen Ozeans tummelten, empfanden wir das Klima als sehr angenehm. Die Sicherung der Stadtstrände hatte etwas sehr Beruhigendes für uns, die wir gewohnt waren, nur mit dem Risiko plötzlicher Haifischangriffe im Meer baden zu können.

NASHÖRNER

Wir waren auf einer Tour in einem Mietwagen durch die National Parks bzw. Wildtier-Reservate in Südafrika nach Hluhluwe gekommen. Hluhluwe liegt im Norden der Provinz Natal, 50 km südlich der Grenze zu Mozambique, dem früheren Portugiesisch Ostafrika im sogenannten Zululand.

Wir hatten von unseren südafrikanischen Freunden gelernt, dass der Name Hluhluwe so ausgesprochen wird, als stände anstelle des „h" jeweils ein englisches „th", was wir anfangs etwas kompliziert aber sehr lustig fanden.

Dieser Wildtierpark war bekannt dafür, dass sich dort neben Antilopen, Zebras, Giraffen usf. auch noch eine größere Anzahl der stark dezimierten und von der Ausrottung bedrohten Breitmaul-Nashörner (sogen. Weiße Nashörner) befanden. Im Gegensatz zu den stets angriffslustigen Spitzmaul- (schwarzen) Nashörnern sind die Breitmaul-Nashörner sehr träge und friedlich. So wurde uns gesagt; und so hatten wir es auch gelesen.

Die sichere Unterscheidung der beiden Nashornarten aus der Entfernung in freier Wildbahn ist übrigens nur den Geübten möglich, da die Nashörner nicht, wie ihre Beinamen vermuten lassen, weiß bzw. schwarz sind, sondern sie sind beide grau. Und die Maulunterschiede? - Ja, wenn man mal so dicht dran ist, dass man die mit Sicherheit erkennen kann, wird es sich wohl um ein weißes (Breitmaul) handeln, denn ein Schwarzes hätte schon längst angegriffen.

Wir kamen bereits am Vormittag im Wildpark Hluhluwe, der ungefähr 250 Quadratkilometer umfasst, an und richteten uns in dem uns zugewiesenen Rondevaal (kleine runde Hütte) ein. Als wir am Nachmittag noch eine Tour durch den Park machen wollten, stellte sich heraus, dass nicht genügend einheimische Führer bereitstanden.

In den Wildparks darf man nur mit dem Auto fahren und es nicht verlassen, weil die Tiere ja tatsächlich wild sind und die größeren von ihnen teilweise sehr aggressiv und gefährlich sein können. In Hluhluwe durfte man außerdem nicht ohne einen einheimischen Führer unterwegs sein, unter Umständen jedoch zusammen mit dem Führer aussteigen. Die Wege bestehen gewöhnlich aus festgefahrenem Erdreich, ähnlich unseren Waldwegen.

Da an diesem Nachmittag nun nicht für jedes Fahrzeug ein Führer da war, verabredeten wir mit einem anderen Ehepaar, in ihrem bedeutend größeren Auto mitzufahren und unseres im Camp zu lassen.

Im Vergleich mit dem Krüger National Park war der Hluhluwe Park klein; wir konnten in einigen Stunden viele Teile befahren. Der Führer zeigte uns verschiedene Antilopenarten, Giraffen, Zebras und Gnus. Wir konnten aus der Ferne auch ein Nashorn mit seinem Jungen beobachten. Nashörner wollten wir hier hauptsächlich sehen. Das hatten wir unserem Führer eindeutig klargemacht. Und wirklich - wir hatten Glück.

Etwa 150 Meter vom Weg entfernt stand ein weißes Nashorn - wie uns der Führer sagte. Das hieß, wir konnten anhalten, aussteigen und uns dem Tier nähern. Als wir die Hälfte der Entfernung bereits hinter uns hatten, sagte der Mann plötzlich leise und eindringlich: „Es ist ein Schwarzes, schnell zum Wagen zurück.“ Inzwischen hatte das Tier uns bemerkt und setzte sich in unsere Richtung in Bewegung. Ein uns verfolgendes Nashorn war natürlich Grund genug uns sehr zu beeilen. Wir erreichten unbehelligt den Wagen, dessen Motor zum Glück sofort ansprang.

Tags darauf trafen wir mit einem anderen Führer und in unserem Wagen auf vier Nashörner am Wegesrand. Wieder sagte der Mann: „Weiße Nashörner.“

Sehr zum Entsetzen meiner Ingrid glaubte ich ihm und stieg auch mit ihm aus dem Wagen, um sie zu fotografieren. Offensichtlich waren es diesmal tatsächlich weiße Breitmaul-

Nashörner. Ich konnte ein paar Aufnahmen aus unmittelbarer Nähe machen.

ERLEBNISSE IM KRÜGER NATIONAL PARK

Wie oft hatten wir gehört, dass Touristen den Krüger National Park nach mehreren Tagen wieder verließen, ohne Großwild, wie zum Beispiel Elefanten gesehen zu haben. Hier ist man ohne Führer in seinem eigenen Wagen unterwegs, darf denselben aber auf keinen Fall verlassen. Da man nur die befestigten Wege benutzen darf, bzw. auch nur kann, ist das Beobachten von Tieren zum Teil ausgesprochene Glücksache, zum Teil ist es aber auch eine Sache der Erfahrung.

Zwischen den festen Wegen dehnt sich jeweils für mehrere, oft für viele Kilometer Busch oder Steppe aus. Man kann sich also gut vorstellen, dass die Chance, einer Elefanten- oder Büffelherde in Sichtweite vom Weg zu begegnen, nicht übermäßig groß ist, besonders während der heißen Tageszeit.

Wir waren bereits seit zwei Tagen im Park und wohnten im Central-Camp Skukuza, wo wir eine kleine Hütte gemietet hatten. Das Camp ist zum Schutz vor Tieren ringsherum mit einem hohen, kräftigen Zaun umgeben, den man lediglich durch das große Tor passieren kann. Dieses Tor wird morgens um 8 Uhr geöffnet und abends um 6 Uhr wieder geschlossen, aber auch während der offenen Zeit vom einheimischen Personal bewacht.

An den ersten beiden Tagen waren uns auch hier wieder in der Hauptsache Antilopen der verschiedensten Art sowie Zebras und Wildebeests (Gnus) begegnet. Ab und zu sahen wir Gruppen großer, kahlhalsiger Geier in der Luft ihre Kreise ziehen oder auch wartend auf Bäumen sitzen; ein Zeichen, dass sie wahrscheinlich mit einem Anteil an der Beute einer Raubkatze rechneten. Ein oder zweimal sahen wir auch Hyänen, die aber in den Büschen und im hohen Gras nur schwer zu erkennen waren. Genauso war es mit der einzigen Raubkatze, die wir während unseres Aufenthalts im Park zu Gesicht bekamen, einem Leoparden, der, als wir ihn zuerst bemerkten, nicht weit vom

Weg im hohen Gras entlang schlich, dann aber zwischen den Büschen verschwand.

Jeder Besucher des Krüger National Parks erhielt bei der Einfahrt Merkblätter, in denen auf das Risiko bei der Begegnung mit Großwild hingewiesen wurde. Im Wagen sei man relativ sicher, weil die Tiere sich bereits an Automobile gewöhnt hätten. In unmittelbarer Nähe z. B. von Elefanten sollte man den Motor abstellen, das Geräusch des Motors mache die Tiere nervös. Bei Herden mit Jungen sollte man besonders vorsichtig sein.

Am Abend des zweiten Tages gab es im Camp noch einen Vortrag mit Dia-Vorführungen, bei dem anhand von Beispielen erneut die Gefährlichkeit des Großwilds erläutert wurde. Auf einem Bild sah man ein Auto, das vorne von einem Elefanten platt getrampelt worden war. Der Elefant hatte dann noch mit dem Rüssel oder einem der Stoßzähne die Scheibe zertrümmert. Die beiden Insassen des Fahrzeugs waren, wie man uns sagte, mit dem Schrecken und dem Autoschaden davon gekommen; sie hatten sich nach unten auf den Boden des Wagens verkrochen. Der Vortragende warnte auch noch vor einem Giraffenbullen, einem Einzelgänger, der sich neuerdings in der Nähe der Wege aufhielt und nach vorbeifahrenden Autos ausschlug.

Nach diesen Warnungen hatten wir eine unruhige, schwülheiße Nacht verbracht und waren nun auf einer etwa 120 km langen Rundtour, die uns auch durch ein Elefantengebiet bringen würde. Zweimal hatten wir bereits Glück gehabt und eine Elefantenherde mit Jungen in der Nähe des Weges beobachtet. Als die Tiere dann Anstalten machten, den Weg zu überqueren, stoppte ich den Wagen so, dass wir uns jederzeit in der entgegengesetzten Richtung davonmachen konnten. Dabei war es mir möglich, durch das geöffnete Wagenfenster einige Aufnahmen aus einer Entfernung von nicht weiter als vielleicht 60 oder 80 Meter zu machen.

Nachdem wir auch einer Büffelherde begegnet waren, entdeckten wir an einem Hügel aus der Ferne bereits eine Giraffe - und zwar alleine, also eine Einzelgängerin und vom Wege abgewandt, sicherlich bereit zum Ausschlagen. Es handelte sich um ein ziemlich großes Tier - ganz offensichtlich der besagte gefährliche Giraffenbulle. Der war nicht nur gefährlich, sondern auch verschlagen, tat er doch so, als wenn er sich überhaupt nicht für uns interessierte.

In einem Augenblick, in dem das Tier sich anscheinend voll auf die Auswahl besonders saftiger Blätter konzentrierte, fuhren wir schnell vorbei. Im Rückspiegel konnte ich noch beobachten, dass sich der „gefährliche Giraffenbulle“ gar nicht stören ließ. Offensichtlich also ein Irrtum unsererseits - glücklicherweise...

Jetzt waren wir auf dem Wege zurück nach Skukuza, wo wir vor 6 Uhr abends eintreffen mussten, weil danach das große Tor für die Nacht geschlossen wurde. Wir hatten uns beim Beobachten der Hippos, den großen Flusspferden, zu lange aufgehalten und mussten nun die festgesetzte Geschwindigkeitsgrenze voll ausnutzen, um rechtzeitig das Camp zu erreichen. Das heißt nicht, dass wir sehr schnell fuhren, denn die Geschwindigkeitsgrenze im Park lag bei 30 km/h. Aber normalerweise bleibt man weit unter diesem Wert, denn Tiere zwischen den Büschen und Bäumen oder im hohen Gras kann man nur entdecken, wenn man wirklich „schleicht“; damit meine ich, langsamer als 10 km/h fährt.

Es war wenig los in dieser Gegend heute. Wir hatten schon seit Stunden keinen anderen Wagen mehr gesehen. Der Weg vor uns führte durch eine Senke, durch die sich ein ausgetrockneter Flusslauf zog. Als wir vom Rand aus die durch die Senke führende Fahrbahn überblicken konnten, sahen wir Elefanten. Es handelte sich um eine Herde von etwa 15 oder 20 Tieren, die sich langsam in der gleichen Richtung wie wir entlang dem linken Wegrand bewegten.

Ich stoppte den Wagen und stellte den Motor ab. Dann warteten wir. Elefanten-Fotos hatte ich an diesem Tag zwar schon einige gemacht, aber ich nutzte die sich hier bietende Gelegenheit trotzdem. Nachdem wir auch diese Elefanten für etwa 10 Minuten beobachtet hatten und mein Bedarf an

Elefantenbildern mit verschiedenen Objektiven voll gedeckt war, überkam uns eine gewisse Ungeduld. Was sollten wir machen, wenn die Elefanten auch weiterhin vor uns hermarschierten. Ein eingehendes Studium der Landkarte zeigte, dass die Benutzung eines anderen Weges unsere Rückkehr ins Camp um etwa das Vierfache verlängern würde, ja dass wir überhaupt keine Aussicht hätten, vor 6 Uhr dort anzukommen - selbst bei völliger Außerachtlassung der besagten 30 km/h Beschränkung.

Einige Elefanten hatten jetzt auf die andere Seite an den rechten Wegrand übergewechselt - was nun? Waren die Elefanten vor uns wirklich so gefährlich? Konnte man es eventuell doch wagen? Zeitungsüberschriften, wie „Unvernünftige Europäer von Elefanten getötet", gingen mir durch den Sinn.

Als wir nach weiteren 10 Minuten immer noch dasaßen und die Elefanten links und rechts am Wegrand beobachteten, ohne dass sich die Situation geändert hatte, meinte ich, man sollte es vielleicht doch wagen. Die Elefanten hatten die tiefste Stelle der Senke bereits hinter sich und bewegten sich langsam auf der anderen Seite wieder bergaufwärts. Ich überlegte mir, dass es möglich sein müsste, ausgekuppelt und im Leerlauf mit viel Schwung die Senke zu durchfahren und erst in Höhe der Elefanten einzukuppeln und den gegenüberliegenden Hang hinaufzupreschen, bevor die Dickhäuter uns so richtig gewahr wurden. Eine letzte Abstimmung zwischen Ingrid und mir. Wir versuchten es.

Im zweiten Gang und ausgekuppelt rollten wir, immer schneller werdend, in die Senke hinein. Die ganze von uns einzusehende Strecke war nicht länger als vielleicht 300 oder 400 Meter, bis dahin, wo der Weg sich auf der anderen Seite unseren Blicken wieder entzog. Links und rechts vom Weg war lichter Baumwuchs. Und es waren eben die jungen Zweige dieser Bäume, mit denen sich die Elefanten so intensiv beschäftigten.

Wir erreichten schnell die tiefste Stelle, ohne dass man uns sichtbare Aufmerksamkeit schenkte. „Schnell", getrieben durch das Eigengewicht des Fahrzeugs auf einem nicht gepflasterten

Weg, bedeutete etwa 30 bis 40 km/h. Kurz vor den ersten Elefanten musste ich wohl oder übel einkuppeln, um nicht das bisschen Fahrt wieder zu verlieren. Der zweite Gang zog zügig an. Wir waren jetzt direkt zwischen den Elefanten. Ich gewahrte nur aus den Augenwinkeln, dass sich sämtliche Tiere beim Aufheulen des Motors dem Weg zuwandten, glaubte bei einigen Tieren auch, die Drohhaltung oder gar Angriffstellung des gesenkten Kopfes und der weit abgespreizten großen Ohren zu sehen, eine Beobachtung, die Ingrid später bestätigte. Meine Aufmerksamkeit war aber natürlich voll dem vor uns liegenden Weg und unserem Fahrzeug gewidmet, das uns auch nicht im Stich ließ. Ich konnte sogar für den Rest der jetzt sanfter werdenden Steigung in den dritten Gang schalten. Ein Blick in den Rückspiegel zeigte, dass die Tiere jetzt zwar alle auf dem Weg standen, der Abstand war aber bereits so groß, dass sie keine Bedrohung mehr für uns bedeuteten.

Um fast genau 6 Uhr fuhren wir durch das große Tor ins Camp Skukuza ein.

Einige Tage später waren wir wieder unterwegs - über Pretoria ging es nach Johannesburg und dann über Harrismith und Ladysmith zurück nach Durban.

\- - - - - - - - - - - - - - -

Im Dezember 1964, also fast zwei Jahre nach unserer Ankunft, fuhren wir auf der „Straat Cumberland“, einem holländischen Frachter, der zwischen Südafrika und Australien verkehrte, zurück nach Adelaide. Dabei kamen wir wieder über Kapstadt.

Unsere Überfahrt von Kapstadt nach Fremantle führte zur Abkürzung der Strecke weit nach Süden durch die sogenannten „Roaring Forties“ (die berüchtigten vierziger Breitengrade), in denen ständig starker Wind und oft Sturm herrschen. Es ist das Gebiet der großen Albatrosse, die bedingt durch ihr Gewicht, sehr starken Wind benötigen, um abheben zu können.

Ich tröstete einige Passagiere, die noch nicht in Australien gewesen waren, mit der Versicherung, dass es bei Ankunft in Fremantle sonnig und warm sein würde, wie es in Australien

Ende Dezember stets ist. Nichts davon, als wir in Australien eintrafen - es war kalt und regnerisch...

Auf dem Wege nach Europa (1962) machten wir auch einen Abstecher nach Kairo und zu den Pyramiden (Ingrid und ich ganz rechts).
Auf dem Rückweg blieben wir dann für zwei Jahre in Südafrika. Unten – der erste Blick auf den Tafelberg.

Ab 1965 waren wir wieder in Australien. Aber im April 1969 ging es dann zurück nach Europa.
Oben: Ein etwas ungewöhnliches Bild. Der Ayers Rock nach einem Regen.
Unten: Ingrid auf dem „Peak“ in HongKong, offensichtlich noch unschlüssig, ob es sich lohnt, zuzugreifen.

WIEDER IN ADELAIDE

In Adelaide wurden wir von alten Freunden abgeholt, bei denen wir dann auch zuerst wohnten. Mit meinen Qualifikationen und der zusätzlichen Auslandserfahrung sollte es jetzt nicht zu schwierig sein, eine anspruchsvolle Anstellung zu finden.

Höhere Erwartungen lassen sich aber bekanntlich schwerer verwirklichen als bescheidenere. Jetzt suchte ich eine Anstellung im Management - und das bei einem inzwischen bedeutend schwieriger gewordenen Arbeitsmarkt. Ich fand aber doch etwas:

In einer kleinen Firma, die das Management einiger Gesellschaften übernommen hatte, wurde ich kaufmännischer Leiter. Es war eine gute Stellung, nur bot sie keinerlei Zukunftsperspektive. Wie auch immer - ich hatte erst einmal Arbeit...

Privat knüpften wir dort wieder an, wo wir 1962 aufgehört hatten. Unsere Wochenenden verbrachten wir am Wasser. Mein Freund hatte jetzt ein großes Sportboot mit einem starken Außenbordmotor, vorzüglich geeignet, auch mehrere Skier gleichzeitig aus dem Wasser hochzuziehen.

Meine anfänglichen Versuche dauerten nie sehr lange, da die Kraft eines 100-PS-Außenbordmotors sehr schnell einen so gewaltigen Zug auf die Leine, auf meine Arme und auf die senkrecht vor mir aufgerichteten Skier übertrug, dass diese Kraft nur für kurze Zeit durch die gewaltigen Wassermassen gebremst werden konnte, die ich vor mir herschob. Doch als ich dann die Skier nicht ganz so senkrecht, sondern leicht nach vorn geneigt hielt, passierte plötzlich das, was man mir immer versprochen hatte: Ich zog mich hoch und das Boot, befreit von dem störenden Bremsdruck, raste los und ich mit ihm. Der Fahrer nahm zwar das Gas zurück, nachdem der erste Widerstand überwunden war, aber für mich war der doch letztlich unerwartete Übergang vom Wasserschieben zum über dem Wasser Dahinrasen sehr aufregend. Die Angst vor der Geschwindigkeit bei einer Wende verursachte am Anfang noch viele Stürze. Aber mit der Zeit meisterte ich auch das.

Ingrid, die nie richtig schwimmen gelernt hatte, wurde eines Tages überredet, es doch auch einmal zu versuchen. So musste ich zusehen, wie sie beim ersten Versuch wie nach dem Lehrbuch aus dem Wasser gezogen wurde. Selbst ganz überrascht, machte sie trotzdem eine gute Figur und kam beim zweiten Versuch bereits zu einer eleganten Landung ins seichte Wasser. Sie war zu Recht stolz und wollte gleich wieder starten. Aber, in den Kreis der Wasserskier aufgenommen, musste sie jetzt auch warten, bis sie wieder an der Reihe war.

Für mich bedeutete das, dass ich, um weiterhin vor ihr zu bleiben - und welcher Ehemann möchte das, zumindest beim Sport, nicht? - jetzt unbedingt auf einen Ski (Single Ski) überwechseln musste. Das klappte zwar, aber es dauerte nicht sehr lange, da war Ingrid mir wieder auf den Fersen.

Das waren schöne Zeiten. Richtig zufrieden fühlten wir uns erst, wenn wir zerschunden und lahm das Wochenende am Montag noch spürten. Krönung war oft ein Picknick am Strand, bei dem Speck über dem Feuer an selbst geschnitzten Spießen gebraten und das Fett auf die mit Paprika vorbereiteten Brotscheiben getröpfelt oder abgestrichen wurde. Unsere Freunde waren nämlich Ungarn und hatten diese Methode des Speckbratens als Erinnerung an ihre Kindheit mit nach Australien gebracht.

Alles hat einmal ein Ende. Wegen der schon erwähnten mangelnden Zukunftsperspektive planten wir, nach Deutschland zurückzukehren. 1968 erkundigte ich mich beim deutschen Generalkonsulat in Melbourne, welche Formalitäten für eine Rückkehr notwendig seien. Die Antwort war nicht gerade ermutigend. Wir waren jetzt bereits seit zehn Jahren Australier und damit Ausländer, durften also nur zu Besuch, ohne Erwerbstätigkeit, in die Bundesrepublik einreisen, falls wir nicht beim Verlassen Australiens bereits Arbeit in Deutschland nachweisen konnten. Eine Genehmigung nach der Einreise in Deutschland konnte unter keinen Umständen erteilt werden. Das, so wurde uns angedeutet, würde sehr streng gehandhabt. Es handelte sich also offiziell nicht um eine Rückkehr in die „angestammte“ Heimat, sondern um eine Einwanderung von Ausländern aus einem nichteuropäischen Land. Ich schrieb an einige große, mir dem Namen nach bekannte Gesellschaften in Deutschland und erhielt auch prompt freundliche Antworten, dass ich sie doch zu einem persönlichen Gespräch besuchen möchte, wenn ich in Deutschland wäre. Das eine ließ sich also mit dem anderen nicht vereinbaren.

Der beruflichen und persönlichen Risiken bewusst, entschlossen wir uns, doch einfach zu fahren. Ich besorgte uns erst einmal eine einjährige Aufenthalts- und Arbeitsgenehmigung für Großbritannien, um, wenn notwendig, von dort aus die Einwanderung nach Deutschland zu beantragen, sofern ich in Deutschland Arbeit finden sollte.

Zum Glück konnten wir beide das Risiko bewusst in Kauf nehmen, weil wir ja unabhängig waren, beide lange genug in englisch-sprachigen Ländern gelebt und gearbeitet hatten, und so annahmen, zur Not auch in Großbritannien Fuß fassen zu können.

Wir verkauften, was wir konnten, verschenkten, was wir mussten, und bereiteten uns vor, über Asien nach Europa zurückzukehren.

DURCH ASIEN

Seit über einer Stunde beobachtete ich schon den Sonnenuntergang vor mir. Dies war möglich, weil ich am Fenster eines Düsenflugzeugs saß und wir der Sonne hinterher nach Westen flogen. Wir waren auf dem Wege von Hongkong nach Kalkutta. Von dort wollten wir weiter nach Katmandu ins Himalaja-Gebirge fliegen.

Wir hatten bereits die erste Etappe unserer Reise, nämlich eine Woche HongKong, hinter uns. Dort hatte alles vorzüglich geklappt. Air India hatten unsere Ankunft dem chinesischen Agenten avisiert und der verhalf uns nicht nur zu einem guten Hotelzimmer in einem der oberen Stockwerke mit Hafenblick, sondern arrangierte auch Touren für uns zu den wichtigsten Sehenswürdigkeiten. Einer der Höhepunkte war die Fahrt mit einem Tragflügelboot zur portugiesischen Stadtkolonie Macao.

Etwas, was mich besonders beeindruckt hatte, war die von unserem Balkon zu beobachtende Gymnastik der Chinesen. Vor unserem Hotel lag ein kleiner Park, in dem chinesische Männer jeden Morgen auf dem Weg zur Arbeit Ihre uralte Gymnastik, das sogenannte chinesische Boxen, absolvierten. Darunter auch Geschäftsleute in dreiteiligen Anzügen, die ihre Aktenkoffer und Jacketts ablegten, um sich dann einzeln oder in kleinen Gruppen diesen langsamen Übungen hinzugeben.

Als der Agent anlässlich eines uns zu Ehren arrangierten Abschiedsessens hörte, dass ich vergeblich bei allen Fotogeschäften versucht hatte, ein bestimmtes Objektiv für meine Nikon Kamera zu erstehen, half er mir auch dabei.

So war es uns während des bisherigen Verlaufs unserer Asienreise sogar besser als erwartet ergangen und wir sahen nun voll Spannung den weiteren Etappen entgegen.

Neben Ingrid saß eine Amerikanerin, die nach Thailand flog, aber im nächsten Monat auch Katmandu besuchen wollte. Als sie von unseren Plänen hörte, sagte sie spontan: „Tell Boris, I'm coming."

Natürlich wussten wir, wer Boris war. Er hatte das Hotel Royal in Katmandu, hieß mit vollem Namen Boris Lissanevitch oder so ähnlich, und war eine bekannte Persönlichkeit in Nepal. Von seinem Hotel aus hatten Hillary und andere ihre Expeditionen zum Mt. Everest begonnen. Zugegeben, das Royal war nicht das erste Hotel am Platze, da waren inzwischen andere, modernere, aber es hatte ohne Zweifel am meisten Charakter. Es war einer der zum Hotel umgewandelten vormaligen Paläste herrschender Familien. All das wussten wir und versprachen auch, Boris zu grüßen, wenn wir ihm begegnen sollten.

Die Sonne war inzwischen untergegangen, es war aber noch früher Abend, als wir in Bangkok, der Hauptstadt Thailands, ankamen. Beim Landeanflug hatten wir einen herrlichen Blick auf die bereits hell erleuchtete Stadt mit ihren Tempeln.

Hier hatten wir genügend Zeit, um im Terminal eine Kleinigkeit zu uns zu nehmen und uns etwas zu erfrischen.

Es war schon spät, kurz vor Mitternacht, als wir dann in Kalkutta, der bevölkerungsreichsten Stadt Indiens, landeten. Ein alter, klappriger Omnibus brachte uns in die Stadt und hielt vor unserem Hotel, dem altehrwürdigen Great-Eastern, in dem ein halbes Jahrhundert vor uns viele bedeutende und berühmte Weltreisende gewohnt hatten. Jetzt war es nicht mehr ganz auf dem neuesten Stand, aber was für ein Hotel! Unser Zimmer war wohl etwa 40 m^2 groß. An einer Wand stand ein riesengroßes Himmel-Doppelbett mit vier gewaltigen Säulen, die den „Himmel" in etwa zweieinhalb Meter Höhe trugen. Schrank und Kommode waren entsprechend. Zwei Fenster erlaubten einen Blick über die Stadt, das heißt über die etwas verwahrlosten Dächer. In der Ferne sah man die Kuppel eines Palastes. Gegenüber den Fenstern führte eine Tür ins Bad, das in seiner Größe zu den beeindruckenden Maßen des Zimmers passte. Das Zimmer hatte - ein Zugeständnis an die neue Zeit - eine Klimaanlage und das weiß-gekachelte Bad heißes und kaltes Wasser. Man konnte sich aber gut vorstellen, dass hier noch um die Jahrhundertwende die Bediensteten mit Eimern heißen Wassers die Wanne gefüllt oder aber den damals noch vorhandenen Badeofen angeheizt haben.

Als wir nach Mitternacht vor dem Hotel ankamen, mussten wir über viele am Boden schlafende Menschen hinwegsteigen, die den größten Teil des Fußwegs bedeckten. Ein Heer von armen Menschen, das geduldig, fatalistisch und ohne Hoffnung dahinlebt, zusammen mit heiligen Kühen, die oft mehr Schutz und Ansehen genießen.

Es gibt auch kleine Händler, Angestellte und Beamte, die dem Zwischenraum zwischen den ganz Armen und den ganz Reichen ein gewisses Gefälle geben, die sichtbare Armut aber ist deprimierend.

Als wir am nächsten Vormittag wieder zum Flughafen kamen, wurde ich gleich zweimal daran erinnert, wie unerfahren in Asien ich noch war:

Bei Vorlage unserer Flugtickets teilte mir ein Angestellter mit, dass der Flug leider bereits ausgebucht sei. Meinem Geschimpfe hielt er jedoch nicht lange stand. Anders der Chef der Passkontrolle, der unsere Pässe an sich nahm und in seinem Büro verschwand. Als unser Flug zum wiederholten Mal aufgerufen wurde, bekam ich so eine Wut, dass ich den Beamten mit diplomatischen Schwierigkeiten drohte.

Nach vielen späteren Reisen in Afrika und Asien kann ich heute kaum noch verstehen, dass ich damals nicht auf die Idee kam, unauffällig mit einem Geldschein zu winken...

Unser Flug ließ uns den Ärger aber schnell wieder vergessen. Wir saßen in einer alten Fokker Friendship, einem sogenannten Hochdecker, bei dem sich die Fenster unter den Tragflächen befinden, und hatten so einen guten Blick zuerst auf das Delta des Ganges und später auf die Gipfel und in die Täler des Himalaja.

Katmandu, die Hauptstadt Nepals, liegt in einem Hochtal des südlichen Himalaja. Wir mussten erst den Südrand des Gebirges überfliegen, sahen dann das fruchtbare Tal mit seinen vielen

Terrassen unter uns, aber auch weiter nördlich die vielen - noch weit höheren - schneebedeckten Bergspitzen.

Der kleine Staat Nepal - fernab der großen Verkehrswege - ist von einem Ring gewaltiger Gebirgszüge umgeben. Tourismus existierte damals erst seit knapp zehn Jahren - es war immer noch ein sehr exotisches Ziel. Bis zur Mitte der fünfziger Jahre gab es keine Straßenverbindung zwischen Indien und Nepal, sondern nur Trägerpfade. Im Katmandu Tal waren aber zur Zeit unseres Besuchs bereits eine Reihe von Straßen, hauptsächlich zwischen den alten Zentren Katmandu, Patan und Bhadgaon, voll ausgebaut.

Als wir - außer uns alles Inder und zwei Japaner - auf dem kleinen Flughafen von Katmandu gelandet waren, wartete bereits ein Wagen des von uns gebuchten Hotels „Panorama“ auf uns.

Das „Panorama“ lag direkt in der Mitte der Stadt, was zu der Zeit nicht unbedingt ein Vorteil war, denn die Straßen des alten Stadtzentrums waren zum großen Teil ungepflastert. Der Hotel-Manager geleitete uns in unser im ersten Stock gelegenes Zimmer. An der Treppe hingen alte Bilder nepalesischer Könige. Die Könige Nepals stammen seit vielen Jahren vom kriegerischen Volk der Gurkhas; sie standen die meiste Zeit unter dem Einfluss bedeutender Familien, hauptsächlich der Ranas, die angeblich Könige gemacht, abgesetzt und manipuliert haben sollen. Heute findet man verstreut über das Tal viele ehemalige Paläste der Rana-Familie, die zum Teil jetzt als Hotels ausgebaut und genutzt werden. Das „Panorama“ gehörte nicht dazu.

Unser Zimmer war wieder ziemlich groß, enthielt drei Betten, Schränke und ein separates Bad. Es war ein überaus interessantes Hotel, die Leute waren sehr freundlich und unter den Hotelgästen waren, wie wir hörten, auch viele Amerikaner und Engländer. Trotzdem sagte es uns - hauptsächlich wegen einiger recht „abenteuerlicher“ Tischsitten - nicht zu.

So machten wir uns denn am nächsten Morgen in einer Fahrrad-Rikscha zur Hotelsuche auf den Weg. Als Erstes fiel uns natürlich das „Royal“ von Boris ein. Wir dirigierten unseren

„Driver“ also dorthin. Das „Royal“ liegt an einer der Ausfallstraßen der Stadt, in einem kleinen Park, wie es sich für einen ehemaligen Rana-Palast gehört.

Boris hatte leider kein Zimmer. Er bot uns jedoch an, für uns beim Hotel „Shanker“ anzurufen. Dort hatte man ein Zimmer. Wir fanden das „Shanker“ in der gleichen Straße, etwa einen Kilometer weiter außerhalb. Wieder ein großer Park und ein Gebäude, das noch größer schien als das „Royal“. Das Zimmer war akzeptabel, wir buchten für den Rest der Woche. Diese alten Paläste ergaben nach Umwandlung natürlich keine modernen Hotels. Alles war alt und nichts war ganz hundertprozentig, aber es hatte Stil. Wir zogen noch am späten Vormittag um und fühlten uns während des Restes unseres Aufenthalts in Katmandu auch ganz wohl.

„Ganz wohl“ ist aber, wie mir gerade einfällt, etwas übertrieben, weil Ingrid drei Tage lang krank war und ich sie nur mit trockenem Brot und Tee ernähren konnte. Wer kennt diese, auch als Montezumas Rache bekannte Reisekrankheit, die Magen und Darm angreift, nicht. Statt Montezuma war es hier vielleicht der Yeti, der sich an den Eindringlingen rächte, tatsächlich aber wohl der Genuss irgendwelcher exotischer Früchte und - Eindrücke von Ghats am Ufer des heiligen Bagmati River, wo Sterbende im Kreis ihrer männlichen Angehörigen auf den Tod warteten, während die Reste anderer vor sich hinkohlten. Auch dort hatte man uns hingeführt. Der Geruch von verbranntem Fleisch ließ uns für Tage nicht los.

Wer einmal in Katmandu war, kennt die großen Stupas von Swayambhunath und Bodhnath mit ihren in alle Himmelsrichtungen blickenden Augen, riesige halbkugelförmige Steingebilde, die angeblich eine Reliquie Buddhas enthalten und durch einen Turm gekrönt sind.

Eines Morgens ließen wir uns schon um 4 Uhr von einem Taxi abholen und in die Berge hinter Nagarkot fahren, wo wir auf den Zeitpunkt direkt vor Sonnenaufgang warteten, auf den Moment also, in dem die Sonne die Berge von hinten anstrahlt und den Himmel darüber bereits erhellt. Und plötzlich zeichneten sich dann auch die Konturen von hohen Bergen ab, deren uns zugewandte Seite noch im Schatten lag: Mt. Everest, Lhotse, Gaurisankar und noch einige andere, deren Namen ich vergessen habe.

Es war ein wirklich erhebender Augenblick, die höchsten Berge der Erde in weniger als 100 km Entfernung vor sich zu haben - sichtbar aber nur für etwa fünf Minuten. Dann wurde es oben so hell, dass sie sich bald nicht mehr vom Himmel abhoben. Und als dann die Sonne noch höher stieg, war es mit dem schönen Bild gänzlich vorbei...

Wir verließen Nepal nach einer Woche wieder, um uns jetzt in Nord-Indien die Zentren der Mogul-Kaiser, bzw. was davon noch übrig war, anzusehen. Wir wussten von Old Delhi, Agra und natürlich auch von Fatehpur Sikri, der verlassenen Stadt Akbars.

Der Urvater der Moguldynastie war wohl Timur, der mongolische Eroberer, der Südrussland, Persien, Teile der Türkei und auch Nordindien mit Delhi im 14.Jahrhundert eroberte. Zur Absicherung seiner Eroberungen und mit dem Ziel, weiteren Einfluss auch in China zu erlangen, heiratete Timur eine Prinzessin aus Dschingis Khans Nachkommenschaft. Er verließ jedoch Nordindien wieder, ohne die Herrschaft dort anzustreben.

Eigentlicher Begründer des Mogulreiches ist sein Nachkomme Babur, der 150 Jahre später aus Kirgisien über Afghanistan nach Nordindien eindrang und Delhi zu seiner Hauptstadt machte.

Die Mogul-Herrscher waren für ihre Zeit hochgebildet. Sie brachten Baumeister aus Persien in das Land und Baburs Enkel Akbar (der Große), selbst ein Mohammedaner, ließ, wie berichtet wird, Vertreter anderer Religionen, darunter auch einen Jesuiten Pater, kommen, um mit ihnen zu diskutieren.

Höhepunkt des Mogulreiches war die Zeit Akbars in der zweiten Hälfte des 16. Jahrhunderts. Sein Enkel Schah Dschahan baute ein Grabmal für seine bereits früh gestorbene Lieblingsfrau Mumtaz Mahal, das ganz aus weißem Marmor mit eingelegten

Halbedelsteinen verzierte Taj Mahal (oder Tadsch Mahal), das Agra, die neben Delhi zweite Stadt der Moguls, weltbekannt machte.

Noch sichtbare Spuren der Mogul-Kaiser, die im 18. Jahrhundert bereits an Macht und Bedeutung verloren, finden sich außer im Taj Mahal, vor allem im Red Fort in Delhi, im Red Fort in Agra, in der von Akbar erbauten, 40 km von Agra entfernten Stadt Fatehpur Sikri sowie in monumentalen Grabmälern der einzelnen Herrscher und ihrer Frauen.

Wir waren fünf Tage in Delhi und sechs Tage in Agra, genug Zeit, um auch die hauptsächlich in und um Delhi noch sichtbaren und zum Teil weit vor die Mogulzeit zurückreichenden Sehenswürdigkeiten kennenzulernen.

In Agra ließ ich mir von einem Vertreter des Innenministeriums eine Sondererlaubnis geben, auch in das Innere und auf den Balkon des Torgebäudes (Gateway) zum Taj Mahal geführt zu werden. Der Herausgeber einer amerikanischen Photo-Zeitschrift hatte nämlich von dort aus besonders schöne Bilder vom Taj Mahal gemacht und darüber berichtet.

Die indischen Beamten bestanden darauf, dass wir nicht nur in den 1. Stock und auf den Balkon, sondern auch auf das Dach stiegen. So sind wir denn um die berühmten 22 Kuppeln - 20.000 Arbeiter sollen angeblich 22 Jahre am Taj Mahal gearbeitet haben - herumgelaufen, um besondere Aufnahmewinkel zu finden. Leider war der Himmel bedeckt, sodass die Aufnahmen letztlich doch nicht so wurden, wie wir uns das vorgestellt hatten.

Am Ende unserer so ereignisreichen Zeit in Nepal und Indien flogen wir von Agra über Jaipur nach Bombay und von dort aus nach Deutschland...

IN STUTTGART

Warum flogen wir eigentlich nach Stuttgart? Keiner von uns beiden war bisher jemals dort gewesen, wir kannten auch niemanden, hatten uns aber gedacht, als Norddeutsche sollten wir versuchen, in Süddeutschland, dem Urlaubsziel vieler Norddeutscher, sesshaft zu werden.

Mit Wohnraum sah es allerdings schlimm aus. Wir zogen nach einigen Tagen im Hotel in ein sogenanntes Gästehaus.

Vollkommen unerwartet dagegen war für uns die Lage auf dem Arbeitsmarkt. 1969 begann ja der wirtschaftliche Aufschwung.

Schon die erste Firma, bei der ich eher zufällig an einem der nächsten Nachmittage anrief, war bereit mich einzustellen, Werbung oder Interne Revision. Was wusste ich von Werbung? So gut wie nichts. Aber von Revision wusste ich eine ganze Menge...

Und wie stand es mit der Aufenthaltsgenehmigung und der Arbeitserlaubnis? Mussten wir wirklich erst nach London übersiedeln?

Als ich mich in der Schlange der Gastarbeiter langsam zum Amtszimmer der Fremdenpolizei in Stuttgart vorschob, war ich mir wohl bewusst, dass ich viel weniger Aussicht hatte als die um mich herum wartenden Italiener und anderen EG-Ausländer. Ich kam ja aus keinem EG-Staat. Als ich dann vor dem „Allgewaltigen“ stand, suchte der in seinen Listen nach und fand, dass Australien ja eines der Ausnahmeländer war, drückte einen Stempel in meinen Pass und die Sache war erledigt...

Natürlich mussten wir unsere Genehmigungen zuerst jährlich, später alle fünf Jahre erneuern lassen. Als dann aber die Situation auf dem Arbeitsmarkt schlechter wurde und ich tatsächlich befürchten musste, dass man mich als Nicht-EG-Ausländer eines Tages vor die Tür setzt, wurde mir das Risiko zu groß.

Ingrid und ich beantragten die Naturalisierung. Dem stand auch nichts im Wege - außer dem „Eintrittsgeld". 75% der durchschnittlichen Brutto-Monatsverdienste waren an der Kasse zu bezahlen. Da half es auch nichts, dass ich einmal für Deutschland im Krieg gewesen war. Aufgrund meiner Eingabe machte man dann bei uns doch eine Ausnahme und reduzierte die Forderung um 30%.

In den siebziger und frühen achtziger Jahren war ich in der Bundesrepublik erst Konzernrevisor, dann Prüfungsleiter und später Manager mit jeweils sehr interessanten Aufgaben, die zum Teil auch im Ausland lagen. Diese Arbeit - ebenso wie zahlreiche Konferenzen mit Vertretern anderer europäischer Gesellschaften - gab mir oft Gelegenheit meine englischen bzw. australischen und südafrikanischen Erfahrungen einzubringen.

Die Verbindung zu unseren Freunden in Adelaide blieb über die vielen Jahre bestehen. Mehrmals kamen sie nach Deutschland, wie zum Beispiel zu den Olympischen Spielen 1972. Einmal, 1979, flogen wir für sechs Wochen nach Australien. Weil wir einen großen Teil unserer jungen Jahre dort verbracht hatten und unsere Freunde auf uns warteten, hatten wir auch vor, nach meinem Arbeitsleben wieder zurückzukehren.

1986 wollten wir - als Deutsche, also als Ausländer - wieder nach Australien einreisen und uns dort niederlassen. Bei einer ersten Anfrage bei der Botschaft hörten wir, dass wir keine der Voraussetzungen erfüllten und daher, trotz unserer ehemaligen Staatsbürgerschaft, auch keine Aussicht hätten, mehr als ein Besucher-Visum zu erhalten. Ich schrieb dann einen erklärenden Brief an den australischen Bundesminister für das Einwanderungswesen in Canberra und bat um Ausnahmeregelung für uns. Ungefähr zehn Tage später erhielt ich ein kurzes Schreiben vom Büro des Ministers, in dem mir mitgeteilt wurde, dass der Minister sich des Falles angenommen habe und wir in Kürze wieder von der Botschaft hören würden. Als wir gebeten wurden, zur Botschaft zu kommen, stellte sich heraus, dass wir jetzt aufgrund einer neuen Regelung zu einem privilegierten Kreis gehörten, der genau auf uns zugeschnitten schien. Wir konnten wieder zurückkehren. Auch die frühzeitige Wiederannahme der Staatsbürgerschaft wurde uns anheimgestellt.

So kam es, dass ich 1986 in den vorzeitigen Ruhestand ging, um noch möglichst viele Jahre in Australien verleben zu können. Zum Erstaunen meiner Kollegen kündigte ich zu meinem 61. Geburtstag und ließ mich auch nicht überreden weiterzumachen...

Rechts: Swayambhunath
in Katmandu

Und unten: das
eindrucksvolle
Taj Mahal (das Indische
Grabmal) in Agra

Auf internationalen Konferenzen

Oben, 1978 in Kopenhagen (rechts im Bild)

Und unten 1982 in Rom (links im Bild.)

UND WIEDER: AUSTRALIEN

Nachdem wir die Formalitäten mit der Botschaft erledigt hatten, ließen wir im September 1986 einen Container beladen, der dann langsam auf dem Seeweg nach Adelaide gebracht wurde, während wir über Singapur und Sydney dorthin flogen. Die beiden Zwischenstopps dehnten wir jeweils für ein paar Tage aus, um die Länge des Fluges nicht zu strapaziös für uns werden zu lassen. Freunde hatten für uns einige Jahre vorher bereits ein kleines ebenerdiges Reihenhaus gekauft, das bisher vermietet war, jetzt aber auf uns wartete.

So waren wir denn Ende 1986 wieder an der Stätte unserer jungen Ehe und unserer Jugend angelangt. Natürlich war jetzt alles ganz anders als früher. Das Land nicht so sehr, aber Stadt und Bevölkerung hatten sich verändert, wie auch wir uns in den 18 Jahren verändert hatten.

Das Reihenhaus sagte uns nicht zu. Wir verkauften es also und kauften uns ein kleines Einfamilienhaus mit großem Garten. Dann fanden wir aber auch, dass die sommerlichen Temperaturen von bis zu 40 Grad im Schatten für uns nicht mehr angenehm waren.

Wir wussten aus Erfahrung, dass es drei bis fünf Jahre dauert, ehe man sich akklimatisiert hat. Erst dann hat man sich soweit an die neuen Verhältnisse gewöhnt und sich innerlich gleichzeitig von den alten entfernt, dass man auch bei einem Zurück wieder Jahre benötigt. Sollten wir nun hierbleiben, wo wir in Gedanken doch oft noch in Deutschland waren? Für mich persönlich unerwartet, fühlte auch ich jetzt ein gewisses Heimweh, ein Heimweh nach einer Gegend, wo wir keine Einwanderer, nicht einmal „Zugereiste“ waren...

RUND UM AUSTRALIEN

Wir hatten uns ein Wohnmobil gekauft und unternahmen drei lange Reisen in den Norden, sogenannte Winterreisen, um das im Winter kühler und schlechter werdende Wetter des Südens gegen das zur gleichen Zeit angenehm warme Wetter in Nordaustralien einzutauschen. So machten es mit uns viele andere, die es sich zeitlich leisten konnten. Da man auf so einer Reise leicht zwischen 10.000 und 15.000, oft aber auch mehr als 20.000 Kilometer zurücklegen kann, benötigt man natürlich auch die entsprechende Zeit - zwei, drei oder vier Monate. Wir trafen aber auch Leute, die bereits seit über einem Jahr unterwegs waren.

Das australische Inland zu lieben, heißt auch Augen für die einzigartige Schönheit dieser kargen Landschaft mit ihren ausgetrockneten Flussläufen, den Eukalyptus-Bäumen - die hier in vielen verschiedenen Arten vorkommen - zu haben. So genügsam, wie es die australischen Ureinwohner sein mussten, so genügsam sind auch die australischen Pflanzen und Bäume und die einheimischen Tiere. Sie alle mussten sich im Laufe der Jahrtausende an das Land mit seinen oft extremen Temperaturen und dem ständigen Wechsel zwischen Regen, Dürre und ausgedehnten Bränden gewöhnen.

Auf unseren Touren durch Australien konnten wir oft Kängurus beobachten, die man – ähnlich den Emus - meist allein oder aber in Kleingruppen sieht. In allen Teilen des Landes trifft man auf große Scharen von Kakadus, deren Farben von Gegend zu Gegend verschieden sind. Dingos - die australischen Wildhunde, die etwa die Größe von kleinen Schäferhunden haben - sieht man sehr selten, aber nachts kann man sie manchmal hören. Eidechsen hingegen und andere Kleintiere - wichtiger Nahrungsbestandteil der Ureinwohner, wenn sie in traditioneller Art (beim „Walk About“ zum Beispiel) leben - sind überall zu finden.

Natürlich gibt es auch Schlangen, Skorpione und andere für uns unangenehme Arten. Ich habe jedoch weder in meiner Zeit auf der Cattle Station - wir schliefen damals ja fast nur auf einer Decke am Boden -, noch jetzt während unserer Inland-Touren persönliche Erfahrungen mit ihnen machen müssen.

Für viele ist die lange Fahrt zum weit entfernten Ziel im Norden nur ein langweiliges Übel, das man eben durchstehen muss. Für Ingrid und mich waren diese Fahrten immer ein wichtiger Teil des Ganzen. Wir machten oft Picknick an ausgetrockneten Flussläufen im Schatten der pittoresken Fluß-Eukalytusbäume - den Red River Gums -, an Stellen, die für andere vollkommen uninteressant zu sein schienen.

Das Hauptziel der älteren Generation aus Sydney, Melbourne und Adelaide war Nord-Queensland mit der langen tropische Pazifik-Küste, der das berühmte Barrier Reef (ein über 1500 km langes Korallenriff) vorgelagert ist. Die Hauptstadt Brisbane liegt ganz im Süden des Bundesstaates, fast 2000 km von Mossman und Daintree, dem oberen Ende der befestigten Küstenstraße, entfernt.

Man ist dort oben im Norden zwar fern großer Städte, doch wird die Landschaft während der Trockenzeit, im Süd-Winter, stark besucht von Touristen. Im Sommer, etwa von November bis März, ist es in dieser Region feucht-heiß. Die Nordostküste ist auch das Gebiet der höchsten Niederschläge und der Wirbelstürme. In den tropischen Waldgebieten des extremen Nordostens sieht man viele Arten seltener bunter Vögel und Schmetterlinge, während sich am Meer die Palmen in der leichten Brise wiegen - Südsee-Idylle.

So wie aber im Paradies die Schlange lauerte, so gibt es auch in diesem Paradies Gefahren, tödliche Gefahren sogar:

Über uns herrlich blauer Himmel mit einzelnen Schäfchenwolken, unter uns weißer Sand, soweit wir blicken können, hinter uns schlanke hohe Palmen und vor uns der Pazifik mit sanften Brandungswellen. Am Horizont romantisch aussehende Inseln und weit draußen, den Blicken entzogen, das Korallenriff, das die hohen Wellen des Meeres zur leisen Brandung herabmildert. Was kann da schon gefährlich sein? Mit Haifischen muss man schließlich auch im Süden rechnen.

Hier sind es die Box Jelly Fische, eine Quallenart, die so giftig ist, dass ein leichter Stich innerhalb von 10 bis 15 Minuten zum Tode führen kann. Diese Quallen soll es nur hier oben, in tropischen Gewässern nördlich von Rockhampton und auch nur in den Monaten Oktober/November bis März/April geben. Aber kann man sich darauf verlassen? Fast in jedem Jahr hört man von Todesfällen. Ich kann mich erinnern, dass ich bereits 1954 in Darwin vor diesen Quallen gewarnt worden war. Jetzt konnte ich den Gedanken an sie beim Schwimmen im Meer nie ganz verdrängen.

Wir fühlten uns niemals so ganz sicher, zumal wir beim Muschelsuchen an einsamen Stränden oft auch in die Mündungen kleiner Bäche gingen, wo meist die besten Funde gemacht werden konnten. Da wir dabei auch einmal die markanten Schleifspuren von Krokodilen sahen, waren wir später immer auf der Hut.

Bei einem Ausflug von Cairns aus zu den 40 oder 50 km weit entfernten äußeren Stellen des Korallenriffs habe ich auch geschnorchelt. Man konnte das Riff mit den vielen verschiedenen Arten von Korallen und den bunten großen und kleinen Fischen auch mit einem U-Boot oder einem Glasbodenboot erkunden. Die eindeutig schönste Methode war ohne Zweifel das Schnorcheln. Die Korallen, die wir als starre, steinartige Gebilde kennen, sind unter der Meeresoberfläche teilweise so dünn, dass sie sich wie Zweige im leichten Seegang hin und herwiegen. Sie haben bizarre Formen und herrliche Farben, die mit der Farbvielfalt der Fische konkurrieren. Es ist wirklich ein einmaliges Erlebnis.

Das war der Nordosten, den wir einmal von der Mitte her, von Tennant Creek im Nord-Territorium, über Mount Isa, und das zweite Mal von Süden, über New South Wales kommend, erreichten. Es ist in der Tat das populärste Urlaubsgebiet des Kontinents.

Bei unserer zweiten Reise verfolgten wir auf dem Rückweg die ganze Ost- und Südostküste über Sydney, Melbourne bis zurück nach Adelaide.

Um aber Australien wirklich kennenzulernen, muss man natürlich auch die Gebiete des extremen Nordens und des riesigen Westens mit einbeziehen. Aus diesem Grund machten wir eine dritte Reise, die wieder über Alice Springs diesmal ganz hinauf bis Darwin und dann der Küste entlang um ganz Westaustralien führte. Von Anfang Juni bis Mitte September waren wir unterwegs.

Hier im Nordwesten erschloss sich uns eine vollkommen andere Landschaft. Seit 1986 war eine Straße, die zwar in Küstennähe, oft aber doch 50, 100 oder auch mehr Kilometer von dieser entfernt verläuft, fertig. Die Camping Plätze waren meistens mehr als 200 km, zum Teil auch noch weiter voneinander entfernt, sodass man keine große Auswahl hatte. Mit Benzin und Wasser war es natürlich genau so. Man musste die täglichen Etappen sorgfältig planen, weil es nicht alle hundert Kilometer eine Tankstelle gab.

Einen besonders schönen Strand hat die alte Perlenstadt Broome, die sogenannte Cable Beach, an die ich mich gern erinnere. Dort gelang es mir nämlich zum ersten und einzigen Mal, auf dem gemieteten Surfboard liegend, von weit draußen mit den großen Wellen bis direkt an den Strand zu surfen. Es handelte sich hierbei um Wellenreiten und nicht um das hier bei uns besser bekannte Windsurfen. Ja, ich weiß wohl, dass die Surfer um Sydney herum die noch höheren Pazifikwellen, auf dem Board stehend, bis zur Vollendung auszunutzen verstehen. So gut war ich nie. Ich kann mich auch noch erinnern, wie stolz ich einige Jahre zuvor nach einer ausgedehnten Beach-Fallschirmrunde an der Nordküste von Penang war, als nach vielen wohlgemeinten Warnungen dann doch alles klappte und ich weder in den Bäumen, noch im Wasser, sondern wie vorgesehen am Strand landete.

Hier im Westen wurde übrigens nicht von irgendwelchen Gefahren im Wasser gesprochen. Vielleicht gab es hier ja auch keine oder man wollte die Leute, die sich in diese Gegend verirrten, nicht abschrecken.

Neben den kleinen Ansiedlungen an der Küste sahen wir auf unserer Route auch andere, für Australien jedoch berühmte Regionen, wie die Ord River Stauseen oder die Bungle Bungles, eine spektakuläre Bergformation, die wir in einem kleinen Flugzeug erkundeten, den Fitzroy River mit der oft überschwemmten Fitzroy Crossing und letztendlich, für uns am beeindruckendsten, die Hamersley Range.

Diese Hamersley Range ist eine Bergkette im Nordwesten, die etwa 150 bis 200 Kilometer südlich der Straße liegt und nur über zwar feste, aber extrem staubige Wege zu erreichen ist. Die Berge sind zwischen 800 und 1.200 Meter hoch und werden von unzähligen Schluchten durchzogen. Wie so oft waren wir beide in diesen Tagen die Einzigen, die in einem Tagesmarsch die Hauptschlucht bis zu ihrem Ende verfolgten. Es war ein sehr anstrengender, aber auch lohnender Ausflug. Trotz der enormen Hitze, die hier oben im Nordwesten ständig herrscht, war das Wasser, das wir auf unserer Kletterpartie durch die Felsschluchten hier und da durchqueren mussten, eiskalt. Nur dort, wo die Wasseroberfläche in der Sonne lag, wurden die oberen Schichten erwärmt.

Ein besonderes Erlebnis an der Westküste hatten wir in der Bucht von Monkey Mia, die bekannt dafür ist, dass dort täglich einige Delfine zweimal am Tag ins seichte Wasser kommen. Es hatte sich eingebürgert, eine kleine Menge Futter an diese Tiere zu verteilen, so wenig jedoch, dass sie nicht davon abhängig wurden. Es durften auch nur die bei der Verwaltung des Strandes in kleinen Behältern gekauften Fische verfüttert werden. Natürlich holte ich auch für Ingrid solch ein kleines Eimerchen mit drei oder vier Fischen.

Wir brauchten nicht lange warten. Die Delfine kamen, man könnte fast sagen, zum Schmusen. Wir standen im knietiefen

Wasser, in das auch die Tiere langsam hineinglitten, um sich dann an unseren bloßen Beinen zu reiben. Mit leicht zur Seite gedrehtem Kopf schwammen sie nicht nur dorthin, wo die bekannten Eimer sichtbar waren. Es schien, als wenn sie sich ihre Kontaktperson selbst aussuchten. Sie ließen sich sogar streicheln. Überrascht und verwundert mussten wir uns immer wieder sagen, dass wir hier ja nicht am Aquarium, sondern am offenen Meer standen und die Delfine nicht zahm, sondern „wild“ waren.

Auf der Weiterfahrt nach Perth versäumten wir auch nicht, uns die schöne Landschaft an der Mündung des Murchison Rivers und die oft beschriebenen Pinnacles im Nambung National Park bei Cervantes, zwischen Perth und Geraldton, anzusehen. Bei den Pinnacles handelt es sich um Sickerungen von Muschelkalk, die später aufgrund ihrer Härte nach Erosion der sie umgebenden weicheren Gesteinsarten als bizarre monumentartige Gebilde übrigblieben. Das Ganze erinnert etwas an die weit spektakulärere Landschaft des amerikanischen Bryce Canyons.

Mitte September kamen wir auch von dieser dritten Tour gut wieder nach Adelaide zurück, nachdem wir uns ebenfalls auf dieser Seite die ganze Küste, auch den äußersten Südwesten, angesehen hatten. Unser Wohnmobil hatte in den etwas über zwei Jahren mehr als 60.000 km zurückgelegt.

Australische Sehenswürdigkeiten, an die der von Europa kommende Tourist in erster Linie denkt - wie Ayers Rock, den wir im Laufe der Jahre zweimal bestiegen, die Olgas sowie die großen Städte des Landes - sahen wir auch auf unseren Touren, zum großen Teil hatten wir sie aber bereits in früheren Jahren kennengelernt.

Während unserer zweiten Tour 1987 war ein Freund und während unserer dritten 1988 noch ein anderer Freund gestorben. Natürlich hatten wir weiterhin gute Freunde in Australien, aber, wie bereits beschrieben, verspürten wir jetzt den Drang, doch lieber in Deutschland alt zu werden.

Im April 1989 flogen wir nach Deutschland. Diesmal benutzten wir die Pazifik-Route. Wir blieben einige Tage auf Hawaii und machten eine Überlandreise quer durch die Vereinigten Staaten. Das Inland mit seinen vielen Naturparks beeindruckte uns so sehr, dass wir uns eine ausgedehnte Tour durch den äußersten Südwesten als nächstes Reiseziel vornahmen. Diese, sicherlich unsere letzte große Fernreise, machten wir dann im September und Oktober 1993.

Einen Monat nach Verlassen Australiens kamen wir wieder in Europa an. Bevor wir in die Bundesrepublik einreisten, blieben wir noch ein paar Tage in London. Unsere neuen Pässe in Händen brauchten wir uns diesmal um keine Sondergenehmigung zu sorgen. Bereits in London wurden wir als einreisende EG-Bürger an einem Sonderschalter durchgeschleust.

Wir fanden auch eine für uns passende Wohnung im Hamburger Stadtteil Wandsbek. So war ich denn nach langjähriger Abwesenheit wirklich in die alte Gegend zurückgekehrt und zufrieden, wieder in meiner angestammten Heimat zu sein.

Oftmals bin ich weitergezogen, wo andere anscheinend für ihr ganzes Leben Zufriedenheit gefunden hatten. Sicherlich hätte ich, hauptsächlich in materieller Hinsicht, mehr daraus machen können. Ich glaube aber nicht, dass ich glücklicher geworden wäre.

Über viele Jahre habe ich als Ausländer in fremden Ländern Toleranz und Freundlichkeit, ja auch Freundschaft erfahren. Darum empfinde ich es als höchst erschreckend, wenn Fremden- und Ausländerfeindlichkeit jetzt hier bei uns zu einem Problem werden. Alle legal in den letzten Monaten, Jahren und Jahrzehnten zu uns gekommenen Ausländer, die sich in Deutschland mit ihren Familien niedergelassen haben und uns in der Vergangenheit ja auch durchaus willkommen waren, müssen von uns allen respektiert werden. Wir sollten alles daransetzen, sie voll zu integrieren, soweit das noch nicht geschehen ist.

Erfahrungen während der Nazi-Herrschaft - in der Millionen von Juden, nur weil sie Juden waren, umgebracht wurden und gleichzeitig deutsche Emigranten im Ausland Zuflucht suchten und fanden - sollten selbstverständlich dazu führen, dass wir bei der Gewährung von Asyl nicht nur mit anderen Staaten gleichziehen, sondern besonders sensitiv gegenüber Verfolgten, die an unsere Tür klopfen, sein müssen. Es liegt an unseren Politikern, den Zustrom von Ausländern so zu steuern, dass alle unsere Bevölkerungsschichten diesem Zustrom nicht nur materiell, sondern auch emotionell gewachsen bleiben. Politischer Extremismus muss im Keime erstickt werden.

Wir Älteren, selbst wenn wir in den dreißiger Jahren vielleicht noch zu jung waren, um Einfluss zu nehmen, können uns alle erinnern, oder sollten uns doch erinnern können, dass politische Abstinenz Mitverantwortung nicht ausschließt. Gerade wir Älteren müssen uns Gedanken machen und über unsere Gedanken auch sprechen.

Wir können nicht unsere individuelle Verantwortung für unser Leben anderen Leuten - der Gemeinschaft - aufbürden, wenn wir uns nicht vorher bemüht haben, unseren Teil der Verantwortung selbst zu tragen. Es geht nicht, dass wir bei der Regelung unserer mitmenschlichen Beziehungen – bei der Kindererziehung, am Arbeitsplatz, im Straßenverkehr, ebenso wie beim Zusammenleben mit unseren Nachbarn – ständig nur auf den Staat blicken, andererseits aber davon überzeugt sind, mehr Freiheit beanspruchen zu müssen.

Die Bedeutung von ehrenamtlichen Aufgaben habe ich in anderen Ländern erlebt. Dort werden viele Probleme der Unterprivilegierten und Hilfsbedürftigen in der Gemeinde von den besser gestellten Einwohnern selbst gelöst. Gerade in schwierigeren Zeiten sollte jeder, der es sich zeitlich und finanziell leisten kann, auch bei uns noch mehr darüber nachdenken, wo er - nicht nur finanziell - etwas für Hilfsbedürftige tun kann.

Natürlich versuchte ich auch in dem mir noch verbleibenden Rahmen, etwas zu bewirken. So war ich zum Beispiel für viele Jahre registrierter „Senior Experte“, selbst wenn meine sehr allgemeinen Erfahrungen dabei nicht zum Einsatz kamen. Es handelt sich dabei um das freiwillige unentgeltliche Einbringen beruflicher Erfahrungen in Regionen, die einer solchen Hilfe bedürfen. Diese Hilfe wird von der Bundesrepublik und von anderen westeuropäischen Ländern gesteuert.

Ich war auch als vom Amtsgericht bestallter Betreuer (früher Vormund) für eine in einem Heim befindliche Person tätig. Außerdem war ich im „Kinderschutzbund“ und versuchte, im örtlichen Kinderhaus einmal in der Woche zum großen Teil ausländischen Kindern bei der Bewältigung ihrer Schulaufgaben beobachtend und, wo notwendig, auch beratend zur Seite zu stehen und noch jüngere auf die Schule vorzubereiten.

Diese ehrenamtlichen Aufgaben haben mir viel Spaß gemacht. Ich freue mich, dass ich Gelegenheit dazu hatte und noch dazu in der Lage war.

An meinem letzten Arbeitstag (im Juni 1986) holt Ingrid mich ab.
Als wir dann im September zurück nach Australien flogen, gaben uns ehemalige Kollegen von mir am Stuttgarter Flughafen ein Abschiedsständchen.
Da fiel es dann doch schwer, nicht die Contenance zu verlieren.

Von 1986 bis 1989 sahen wir uns Australien noch einmal auf mehreren Reisen von Süden nach Norden und von Osten nach Westen an, flogen dann aber doch im Mai 1989 über Amerika endgültig zurück nach Deutschland.

OBEN: Waikiki Beach, Honolulu, Hawaii, UNTEN: Manhattan, NY.
Auf diesem Bild (1972 von der Brooklyn Bridge aus) waren die Türme des WTC noch im Entstehen. 1989 konnte ich dann aber vom Dach aus noch interessante Aufnahmen machen – inzwischen ist das leider alles vorbei!

AUSTRALIEN UND DAS LEBEN DORT

Australien ist ein sehr großes Land, ein eigener Kontinent, dessen Besiedelung sich jedoch auf einen dünnen Streifen entlang der Küste - hauptsächlich der Südostküste, die Ende 1700 und Anfang 1800 als Erste kolonisiert worden war - beschränkt. Das Innere des Landes wurde und wird immer noch für Viehzucht, überwiegend aber überhaupt nicht genutzt.

Angefangen hatte alles im August 1770, als sich Captain James Cook von einer Beobachtung der Sonnenfinsternis (durch die vor der Sonne vorbeiziehende Venus) aus dem Süd-Pazifik nach Westen auf den Heimweg machte. Begleitet wurde er auf dieser Reise von einer größeren Anzahl von Wissenschaftlern, unter anderen dem jungen später berühmten Botaniker Joseph Banks, der von dieser Reise die ersten Zeichnungen australischer Pflanzen und Tiere mit nach England brachte. Captain Cook war der Erste, der die australische Ostküste erkundete, aufzeichnete und für die englische Krone in Besitz nahm. In den Jahrhunderten vorher waren Teile der australischen Küste zwar schon verschiedentlich von Europäern gesichtet worden, es war jedoch zu keiner intensiveren Erkundung oder Inbesitznahme gekommen.

Erst Captain Phillip, der 1788 mit einer Flotte von England kommend, die Kolonie New South Wales, wie damals die ganze Ostküste genannt wurde, jetzt auch praktisch in Besitz nahm, begann als erster Gouverneur die Besiedelung des neuen Kontinents. In den ersten Jahrzehnten waren es in der Tat hauptsächlich Sträflinge, die dorthin deportiert wurden. Bereits Anfang des neunzehnten Jahrhunderts wurden jedoch weitere Kolonien mit freien unabhängigen Siedlern gegründet. Der durch die Meuterei auf der Bounty weltweit bekannt gewordene Captain Bligh war anschließend übrigens auch einmal für einige Jahre Gouverneur von New South Wales.

Die verhältnismäßig langsame und immer noch spärliche Besiedelung des australischen Kontinents ist auf die klimatischen

Gegebenheiten zurückzuführen. Die Trockenheit der Landflächen im Inneren, in denen so gut wie jegliche Vegetation fehlt, ist so groß, dass die geringen Niederschläge sehr schnell in der trockenheißen Luft verdunsten. In den fünfziger Jahren dieses Jahrhunderts wurden gigantische Bewässerungsvorhaben durch das Stauen von Flüssen im östlichen Randgebirge in Angriff genommen, die aber auch nur die immer noch am dichtesten besiedelten Gebiete im Südosten versorgen können. Abgesehen von der Nord/Südverbindung zwischen Darwin und Adelaide beschränken sich die Verkehrswege fast ausschließlich auf die Küstenregionen.

Die einzelnen Teile Australiens, die ja zu verschiedenen Zeitpunkten kolonisiert worden waren, wurden 1901 zu einem Staatenbund, dem Commonwealth of Australia, zusammengeschlossen. Die Entwicklung in den einzelnen Staaten verlief oftmals recht unterschiedlich. Dies führte dazu, dass die Bedingungen, zum Teil aber auch die Gesetze, verschieden waren. Für das Zusammenwachsen später besonders erschwerend wirkte sich zum Beispiel die unterschiedliche Spurbreite der einzelnen Eisenbahnen aus. Im Laufe der vergangenen vierzig Jahre wurde aber vieles vereinheitlicht. Trotzdem muss man sich heute noch an die unterschiedlichen Geschwindigkeitsregeln im Straßenverkehr anpassen.

Durch die vielen Erzvorkommen im Inneren Australiens sind in den letzten Jahrzehnten in vielen Teilen des Landes neue Zentren entstanden und auch durch Verkehrswege erschlossen worden. Das riesige Gebiet in der oberen Mitte des Kontinents ist bisher kein eigener Staat, sondern wird als Territorium von der Bundesregierung in Canberra verwaltet.

Die Wirtschaft Australiens basiert immer noch zum großen Teil auf der von den Europäern eingeführten landwirtschaftlichen Primärproduktion, die aber durch die klimatischen Gegebenheiten problembehaftet ist und dem Land mangels besseren Wissens aufgezwungen worden war. Getreide wächst zwar in den Randzonen, doch haben die Farmer ständig gegen Trockenheit, Überflutungen oder Insekteninvasionen zu kämpfen. Ähnlich geht es mit der Viehzucht. Man benötigt unverhältnismäßig große Gebiete, um die Herden zu halten und entsprechende Maßnahmen, um Seuchen zu bekämpfen. Trotzdem sind die Getreide- und die Wollproduktion für die Entwicklung Australiens ausschlaggebend gewesen. Es wird allerdings immer schwieriger, diese Produkte bei der immer stärker werdenden Konkurrenz auf dem Weltmarkt gewinnbringend zu verkaufen. Ein gewisser Ausgleich hierfür ist im zunehmenden Export der australischen Bodenschätze gefunden worden.

Natürlich gibt es in Australien auch eine Sekundärindustrie.

In den ersten Jahrzehnten nach dem letzten Krieg wurden große Anstrengungen unternommen, um die Industrialisierung des Landes zu fördern und dadurch der Volkswirtschaft eine breitere und sicherere Basis zu schaffen. Es gab eine eigene Automobilproduktion, die zwar durch Schutzzölle gestützt wurde, es gab aber auch Werften und Maschinenfabrikation.

Das war vor vierzig Jahren. In der Zwischenzeit hat sich langfristig nur die Gewinnung von neuen Bodenschätzen positiv entwickelt. Der Dienstleistungssektor indessen wird im Hinblick auf den in den letzten Jahren ständig zunehmenden Tourismus auch immer wichtiger. Australien, das man früher nach wochenlanger Schiffsreise erreichte, ist jetzt mit allen Teilen der Welt durch regen Flugverkehr verbunden.

Entsprechend diesen Entwicklungen hat sich auch das Leben in Australien verändert. Als wir in der ersten Hälfte der fünfziger Jahre dort ankamen, hatte Australien ca. 9 Millionen Einwohner, d.h. weiße Australier, denen weniger als hunderttausend Eingeborene gegenüberstanden. Inzwischen hat sich die Zahl - sowohl der Weißen wie auch der Eingeborenen - jedoch bedeutend erhöht. Es gab damals in Australien so gut wie keine Arbeitslosigkeit. Ganz im Gegenteil. Nach einer wirtschaftlichen Rezession nach dem Kriege war man auf den Zustrom von Einwanderern angewiesen, um die notwendigen Aufbau- und Ausbauvorhaben zu bewältigen.

In allen Bereichen der gewerblichen Wirtschaft wurde der Lohn wöchentlich gezahlt und es gab auch eine wöchentliche Kündigungsfrist. Der wöchentliche Mindestlohn wurde periodisch von einer staatlichen Kommission neu festgesetzt und für die verschiedenen Industrien angepasst. Der Verdienst entsprach damals umgerechnet etwa dem deutschen Durchschnittsverdienst. Das Leben war durch preisgünstige Basis-Lebensmittel etwas billiger. Teurer, etwa doppelt so teuer wie in Deutschland, waren sämtliche Importartikel, einschließlich Autos und allen Elektroartikeln.

Der normale Australier wohnte in seinem eigenen Haus mit Garten, das er durch günstige Kreditbedingungen bei einer Minimalanzahlung über 30 Jahre finanzierte.

Die private Krankenversicherung (damals gab es keine Staatliche) konnte man seinen Ansprüchen durch die Wahl verschiedener Tarife anpassen. Sie war preiswert und vergütete einen Teil der belegten Auslagen entsprechend dem gewählten Tarif. Für die Altersversorgung gab und gibt es auch heute noch eine staatliche Einheitsrente, die jedoch beim Überschreiten bestimmter Vermögens- und Einkunftsgrenzen entfällt. Rentenansprüche werden durch die Zahlung der Einkommensteuer finanziert, richten sich aber nicht nach dem Verdienst. Wohlhabende, deren Vermögen zum Lebensabend über den festgelegten Grenzen liegt, finanzieren die Rente durch ihre Steuern zwar mit, haben letztendlich aber keinen eigenen Anspruch. Sie müssen sich in Australien durch Lebensversicherungen oder Wertpapiere selbst absichern.

Obgleich auch die australische Stadtbevölkerung europäischen Ursprungs war - Eingeborene sah man nur im Inneren des Landes - waren die Unterschiede gegenüber Deutschland groß. Auch dies war aber von Stadt zu Stadt verschieden, wobei ich immer die großen Städte meine. Sydney, Melbourne, Adelaide etc. waren auch nach europäischen Begriffen große Städte. Dazwischen jedoch lag das weite Land, das bereits jenseits der äußeren Stadt- oder Vorortsgrenzen begann und bis zur nächsten

Großstadt nur durch entlegene kleine Zentren (oft nach hundert oder mehr Kilometern) unterbrochen wurde. Zu unserer Zeit war der „Durchschnitts-Australier“ - bedingt wohl überwiegend durch die Eigenheiten des Landes - ruhig, zurückhaltend, aber freundlich und natürlich hilfsbereit. Eine Eigenschaft, die in den ehemaligen Kolonien wichtig war. Das gesellige Leben fand in der Familie statt. Als Folge waren die Straßen der Städte abends nach 6 Uhr, nachdem die Pubs geschlossen hatten, leer.

Solange ich im Inneren des Landes arbeitete, merkte ich davon verhältnismäßig wenig; ich befand mich ja, mit Ausnahme der Station- und Farmzeit, im Kreise von vielen europäischen Einwanderern. Als ich mich dann aber in Adelaide niederließ, konnte ich mich an das ungewohnte Stadtleben nur mit Hilfe von anderen sogenannten Neu-Australiern gewöhnen. Ähnlich wie in unseren deutschen Städten die Gastarbeiter oder Ausländer, hatten auch wir bestimmte Punkte in der Stadt, an denen wir uns trafen und bevorzugt aufhielten. Eine ausländische, nicht verstandene Sprache, die dazu auch noch etwas lauter und temperamentvoller von Gruppen junger Menschen gesprochen wird, hat wohl immer eine besondere Wirkung, hauptsächlich auf ältere Leute. Man liebte uns vielleicht nicht, aber man tolerierte uns in der Hoffnung, dass auch wir uns einmal anpassen würden.

Es dauerte lange, bis man sich an die Sitten und Gebräuche, die überwiegend mit aus England übernommen worden waren, gewöhnte. Die Sprache hatte ich ja in den ersten anderthalb Jahren einigermaßen gelernt, wenngleich ich sehr lange - viele Jahre - bewusst daran feilen musste. Die Sitten und Gebräuche lernte ich natürlich nur im ständigen Umgang mit australischen Familien.

Mancherlei war damals für einen ungelernten Arbeiter nicht wichtig, konnte aber unter Umständen von ausschlaggebender Bedeutung sein, wenn man beruflich oder auch gesellschaftlich weiter nach oben wollte.

Für Ingrid und mich lag das Leben ja noch vor uns; wir waren gewillt fröhlich zuzupacken. In unserem gemieteten Zimmer standen damals zwei alte Waschtische mit Marmorplatte, ein Doppelbett, ein großer Schrank sowie ein Tisch und ein Sessel. Mit unseren Freunden und weiteren jungen Ehepaaren benutzten wir gemeinsam eine große Küche mit drei Gasherden. Wir Männer ließen am Sonnabend die Lehrbücher liegen und wetteiferten in der alten Waschküche um die weißeste Wäsche - natürlich ohne Waschmaschine. Die großen Stücke wurden von uns sogar mit der Wurzelbürste geschrubbt.

Da wir ja erst langsam unseren einfachen Hausstand anschaffen mussten, legten wir jede Woche einen Teil unseres anfangs bescheidenen Verdienstes für notwendige Anschaffungen an. Weil es allen so ging und wir uns ja zielbewusst auf ein anspruchsvolleres Leben vorbereiteten, machte uns das auch nichts aus.

Jetzt ist das Leben in Australien anders geworden. Es gibt viele Arbeitslose. Der Verdienst entspricht nicht mehr ganz dem deutschen Durchschnittsverdienst, die Häuser sind jetzt so teuer und die Zinsen so hoch, dass sehr viele junge Paare nur noch eine Wohnung oder ein Apartment mieten können.

Die australische Ökonomie hat zurzeit ein vergleichsweise niedriges Niveau, so muss auch dort rigoros gespart werden. Die Qualifikationsgrenzen für die Rente werden immer restriktiver. Vermögensbewegungen der letzten drei Jahre vor Rentenbeginn (mit 65 Jahren) muss man offenlegen. Die Banken sind den Finanzbehörden gegenüber auskunftspflichtig. Ja selbst deutsche Minimalrenten von ein paar Hundert Mark führen bereits zu Abzügen bei den Rentenzahlungen. Man muss erklären, dass man keine, bzw. welche Versorgungsansprüche man hat und wird bei Gegenbeweis mit Rückzahlung und Strafe bedroht. Das heißt also, dass man entweder viel oder nichts haben muss. Das Wohnhaus wird übrigens nicht berücksichtigt. Freunde, die bereits Rente bezogen, mussten vor einer Europareise Rechenschaft über die Finanzierung ablegen, weil Kontenstände ja auch jährlich gemeldet werden müssen.

Trotzdem lebt es sich in Australien auch jetzt noch gut, wenn man sich mit den herrschenden strengen Regeln arrangieren kann.

Ich möchte keinem jungen Menschen abraten, nach Australien zu gehen. Es ist ein herrliches Land, hauptsächlich, wenn man jung ist und die Schönheit des Landes voll genießen kann. Nur muss man genau wissen, was auf einen zukommt.

Die Einwanderungsbedingungen sind jetzt so, dass man entweder genug Geld zum Leben oder aber einen Mangelberuf haben muss.

ERINNERUNGEN AN VERGANGENE WEIHNACHTEN

Wenn ich die religiöse Bedeutung dieses Festes einmal etwas in den Hintergrund treten lassen darf, dann hat Weihnachten, so wie wir es kennen und feiern, stets in der Hauptsache etwas mit unseren Mitmenschen zu tun - mit den Mitgliedern der eigenen Familie, mit Verwandten, Freunden, Bekannten oder vielleicht auch manchmal mit Unbekannten, deren Weg den unseren zufällig kreuzt.

Insbesondere als Kind steht man diesen Eindrücken des Weihnachtsfestes mit offenem Herzen gegenüber. Im späteren Leben ist es dann oft die Weihnachtszeit, die unsere Gedanken zurückgehen lässt zu vergangenen Festen und zu den Menschen, mit denen wir diese Weihnachten zusammen verlebten.

Aus der Vielzahl der Weihnachten will ich hier jetzt die Erinnerung an einige und an die Menschen, die dabei waren, zurückrufen:

1930 *...... Aufgeregt kam mein kleiner Bruder angelaufen und flüsterte: "Jetzt ist er da". Zusammen liefen wir an das Fenster nach vorne, dann an das Küchenfenster nach hinten, hörten jedoch von unserer Großmutter, dass der Weihnachtsmann bereits die Nachbarn gerade verlassen hatte und schon wieder unterwegs sei. Also hatten wir ihn wieder verpasst ......*

* * *

1942 *..... Wir waren planmäßig mit unserer Arbeit fertiggeworden - die Zufahrtsstraßen und die Gehwege auf dem Gelände des Reichsarbeitsdienst-Kommandos Schleswig-Holstein in Kiel waren vom reichlich gefallenen Schnee so gut es ging befreit. Abends saßen wir dann zusammen und feierten Weihnachten - Hans Sell aus Fockbek, Finke aus Barmbek, ich selbst aus Wandsbek und all die* *anderen, die auch aus Hamburg oder Schleswig-Holstein kamen. Wir waren zusammen von unserem Arbeitsdienstlager in Ostenfeld bei Husum zu Kurierdiensten hierher nach Kiel abkommandiert. Trotz der kurzen Entfernung, für jeden von uns nach Hause, mussten wir auch zu Weihnachten hierbleiben. Deutschland befand sich ja sei drei Jahren im Kriegszustand mit all seinen Nachbarn und da konnte eben nicht jeder zu Hause feiern.*

Es wäre dies das letzte Weihnachtsfest zusammen mit meinen Eltern gewesen - Dezember 1942. Niemand in Hamburg konnte damals ahnen, geschweige denn sich vorstellen, was dieser fürchterliche Krieg ein halbes Jahr später anrichten sollte ....

* * *

1947 *..... Bei einer englischen Familie - die Großeltern hatten Besuch von ihren erwachsenen Kindern, die mit den Enkelkindern zu Weihnachten ins Elternhaus gekommen waren - war auch ich als Kriegsgefangener zu Gast. Nach zwei Weihnachten im Lager zusammen mit den Kameraden war ich diesmal, wie viele von uns, einer englischen Familie zugeteilt worden. Eine Gruppe interessierter Leute aus den umliegenden Ortschaften hatten sich zusammengetan und versucht, Weihnachtseinladungen für Kriegsgefangene zu vermitteln.*

Wir waren alle zusammen in der Kirche gewesen, hatten zu Abend gegessen und fanden jetzt, ein jeder neben seinem Teller, einen zusammengefalteten Zettel. Dann ging es der Reihe nach. Jeder musste den Zettel auseinanderfalten und laut vorlesen. Darauf standen in Reime gefasste Hinweise, wo man ein Geschenk finden würde.

Auch neben meinem Teller lag so sein Zettel: "Gerhard my boy, search near a cue, you will find something there, that's intended for you" (Gerhard, mein Junge, suche in der Nähe eines Billardstocks, dort wirst du etwas finden, das für dich bestimmt ist). Ich wusste zwar nicht, was ein oder eine "cue" in diesem Fall bedeutete, wurde aber von den um mich sitzenden hilfsbereiten Familienmitgliedern aufgeklärt.

Beim besten Willen kann ich mich heute nicht mehr erinnern, was ich in der Nähe des Billiardstocks fand. Viel wichtiger aber war, mit welchem Verständnis diese Familie einen deutschen Kriegsgefangenen an ihrer Familienfeier zu Weihnachten nicht nur mit teilnehmen ließ, sondern in ihren Kreis aufnahm. Krieg, Gefangenschaft, Feindesland waren jedenfalls während dieser Stunden vergessen.

* * *

1954 *..... Ich hatte mir auch eine Kerze gekauft und befand mich jetzt inmitten vieler Menschen, die in der Dämmerung des ersten Weihnachtstages auf dem Rasen am Torrens River saßen und Weihnachtslieder sangen (Carols by Candle Light). Unweit von mir, auch allein, saß ein blonder junger Mann, mit dem ich ins Gespräch kam. Es war dies mein späterer Freund Oskar, ein Deutscher, der, wie ich, während des Krieges Flugzeugführer gewesen war.*

Ich befand mich für einige Tage in Adelaide, der Hauptstadt des Bundeslandes Südaustralien und wohnte in einem Hotel in der Innenstadt. Um Mitternacht war ich allein in der überfüllten anglikanischen Kathedrale gewesen und verlebte jetzt noch den Rest der Zeit in der Stadt, bis ich übermorgen wieder mit dem Zug zurück "aufs Land" fahren musste. Ich arbeitete auf einer 200 km südöstlich von Adelaide gelegenen Farm.

Oskar erzählte, dass man unter Umständen beim Royal Aero Club die Gelegenheit hätte, mit der Tiger Moth (das waren kleine englische Doppeldecker-Flugzeuge) wieder fliegen zu üben. Das kam mir zwar ziemlich optimistisch vor, ich verabredete jedoch mit ihm, dass ich im kommenden Jahr auch nach Adelaide kommen würde. Dann wollten wir zusammen versuchen, unseren australischen Pilotenschein zu machen - um endlich wieder fliegen zu können.

* * *

***1963** ..... "Kommst Du jetzt mit, ein paar Besorgungen machen, Gerhard?" fragte mein Freund und Kollege John Waugh. Wir waren beide Prüfungsleiter bei einer großen südafrikanischen Wirtschaftsprüfungsgesellschaft in deren Niederlassung in Durban. Ich war damals Australier und war - inzwischen zusammen mit meiner Frau - von einem Europaurlaub zurückkommend für zwei Jahre in Südafrika geblieben um dort wichtige ausländische Erfahrungen zu sammeln. Es war jetzt der letzte Arbeitstag vor Weihnachten.*

In der West Street kauften wir Zigaretten, Tabak, einige Paar Socken und noch andere Sachen. Dann zogen wir mit unseren Einkäufen zu der im oberen Teil des Gebäudes befindlichen Unterkunft der vier schwarzen Wachmänner, wie sie jedes größere Gebäude dort hat. Tagsüber versorgten diese Männer uns in unseren Büros mit Tee und wir kannten sie daher recht gut. Von der Firma hatten sie zwar auch etwas zu Weihnachten bekommen, aber unsere persönlichen Geschenke erfreuten sie doch besonders.

* * *

***1970** ..... "Komm Tante Ingrid, lass uns diesen Weg gehen, dann sind wir schneller zu Hause", krähte der kleinste unserer Neffen mit seiner hohen Stimme, als wir auf dem Rückweg aus der Stadt waren, und bog zusammen mit meiner Frau in eine Nebenstraße ein.*

Wir, meine Frau und ich, waren am Morgen des 24. Dezembers bei richtigem Winterwetter von Stuttgart auf Weihnachtsbesuch zur Familie meines Schwagers nach Osnabrück gekommen. Dort hatten wir es übernommen, am Nachmittag mit unseren drei kleinen Neffen zu Fuß in das nahegelegene Stadtzentrum zu gehen. Das gab den Eltern etwas Zeit für die letzten Vorbereitungen.

Ich blieb also mit zwei unserer Neffen zurück, die mir versicherten, dass wir viel früher zu Hause ankommen würden als Tante Ingrid unter der Führung des kleinen Bruders.

Wir waren dann auch zuerst zu Hause. Bei der nun aber inzwischen gestiegenen Spannung, mit der die bevorstehende Bescherung, die sich jetzt durch letztes Papierrascheln andeutete, erwartet wurde, war unser Spaziergang jedoch schnell vergessen ......

* * *

1987 *..... Die aufgeregten Schreie der Papageien in unserem Garten zeigten an, dass wieder eine der Obstsorten zu reifen begann. War das immer ein Geschrei und Geschnatter, wenn die von uns gerne gelittenen bunten Räuber die Bäume im hinteren Teil unseres Gartens bevölkerten. Welch ein Unterschied zu Deutschland - denn wir waren mal wieder in Australien - zumal jetzt zur Weihnachtszeit.*

Es war heute der zweite Weihnachtstag und wir erwarteten den Besuch unserer beiden Patenkinder. Zusammen mit ihren Eltern hatten wir vor mehr als 30 Jahren hier in Adelaide angefangen. Jetzt waren die Kinder fast 30. Während wir in der Zwischenzeit einige Male unseren Wohnsitz gewechselt hatten, waren die Eltern der beiden dort geblieben, wo sie Mitte der fünfziger Jahre ihre Zelte aufgeschlagen hatten. Der Junge war inzwischen ein Junior - Bank Manager geworden und 2000 km entfernt in Darwin, dem kommerziellen und administrativen Zeitrum des Nord Territoriums an der Timor See, stationiert.

Darwin - Wie lange war es her, dass ich das kleine Städtchen auf der Suche nach Arbeit - damals noch nach manueller Arbeit - besucht hatte. Jetzt war es fast auf das Zehnfache gewachsen und hatte sich zu einem wirklichen Zentrum mit nahezu 100.000 Einwohnern entwickelt. Natürlich kann er sich das frühere Darwin, trotz meiner Erzählungen, nicht so richtig vorstellen. Aber so ist es ja immer. Auch wir haben die Bilder, die uns in den Erzählungen der Alten beschrieben wurden, stets nur durch die Brille unserer eigenen Vorstellungswelt sehen können.

Er war jetzt seit zwei Jahren verheiratet und der erste Nachwuchs wurde im kommenden Jahr erwartet. Seine um vier Jahre jüngere Schwester hatte auch ihre Ausbildung beendet und war jetzt ebenfalls im Begriff, eine Familie zu gründen, das heißt, sie hatte gerade erst geheiratet.

Beide brachten ihre Partner mit. Wir gingen mit Ihnen zusammen essen und saßen dann auf der Terrasse und plauderten. Sie erzählten uns von ihren Erfahrungen und ihren Plänen und wir steuerten etwas von unseren Erinnerungen bei.

- - - - - - - - - - -

So, wie in meinen Gedanken längst vergangene Tage wieder gegenwärtig werden, wird es bestimmt bei vielen Menschen, vor allem natürlich bei den älteren, sein. Weihnachten ist eine Zeit der Erinnerung. Es sind nicht immer nur schöne und einfache Zeiten, die einem bei so einem Rückblick auf ein abwechslungsreiches Leben in die Erinnerung kommen - wie könnte man das auch vom Schicksal erwarten. Sicherlich gibt es aber bei den meisten Menschen auch Weihnachtstage, an die man gerne noch einmal denkt. Es sind die Erinnerungen daran, die den Blick auf die vor uns liegende Weihnachtszeit beeinflussen können.

Sollten Sie dieses gerade zur Weihnachtszeit lesen, wünsche ich Ihnen und auch allen anderen:

“Eine schöne Weihnachtszeit mit
vielen Rückbesinnungen“

Gerhard H. F. Lange (im Internet siehe unter „gelahh")

Zurzeit sind noch folgende Bücher des Autors

im gleichen Verlag (www.lulu.com) erschienen:

WIR UND UNSERE WELT

und in Englisch

HOW I BECAME AN AUSTRALIAN

www.ingramcontent.com/pod-product-compliance
Ingram Content Group UK Ltd.
Pitfield, Milton Keynes, MK11 3LW, UK
UKHW041944190726
13854UKWH00004B/1783